ESP32 아두이노 드론 만들고, 직접 코딩하여 드론 날리고 PID 제어해보자!

ESP32 아두이노 드론 만들고
직접 코딩으로 PID 제어하기

- 200줄의 소스 코드로 구현해 보는 ESP32 아두이노 드론
- 만들고 / 날리고 / PID 직접 제어하기

앤써북
ANSWERBOOK

ESP32 아두이노 드론
만들고 직접 코딩으로 PID 제어하기

초판 1쇄 발행 | 2021년 02월 25일

지은이 | 서민우
펴낸이 | 김병성
펴낸곳 | 앤써북

출판사 등록번호 | 제 382-2012-0007 호
주소 | 경기도 고양시 일산 서구 가좌동 565번지
전화 | 070-8877-4177
FAX | 031-919-9852
도서문의 | 앤써북 http://answerbook.co.kr

ISBN | 979-11-85553-71-9 13000

[안내]
• 책에서 설명한 사례 그림 또는 캡처 화면 일부가 모자이크 처리되어 있는데, 이는 각 콘텐츠 개발사와 창작자의 권리를 보호하기 위해서입니다. 책을 보시는데 약간의 불편함이 있더라도 이점 양해바랍니다.
• 이 책은 다양한 전자 부품을 활용하여 예제를 실습할 수 있습니다. 단, 전자 부품을 잘못 사용할 경우 파손 외 2차적인 피해가 발생할 수 있으니, 실습 시 반드시 책에서 표시된 내용을 준수하여 사용해야 함을 고지합니다.

Preface

머리말

드론은 4차 산업혁명 시대의 핵심 키워드 중 하나입니다. 과거에 드론은 전문적인 분야로 소수의 전문가만이 다룰 수 있던 영역이었습니다. 아두이노는 기술적으로 장벽이 많았던 드론을 일반 독자들도 비교적 쉽게 접근할 수 있게 해 주었습니다. 필자는 2014년 12월에 아두이노 드론 강의를 숭실대, 단국대, 성균관대를 시작으로 엔지니어, 전공자, 비전공자 등 다양한 사람들을 대상으로 교육을 해 왔습니다. 드론이 어려운 주제이기는 하나 코딩을 통해 드론을 공중에 날리는 순간 사람들은 순식간에 드론에 빠져듭니다. 드론을 날리는 순간 사람들은 아두이노를 배워야할 분명한 이유를 알게 됩니다. 독자 여러분은 이 책을 통해 드론을 목표로 아두이노의 여러 가지 기능을 공부하게 됩니다. 목표가 명확하기 때문에 그 과정이 지루하지 않을 것입니다. 이 책은 ESP32 아두이노 기반으로 드론 코딩을 하는 방법을 소개합니다. ESP32는 32비트 듀얼 코어 CPU를 가진 칩으로 240MHz의 속도로 동작을 하며, 블루투스와 WiFi 기능이 기본 탑재된 칩입니다.

이 책은 다음과 같이 구성되었습니다.

Chapter 01에서는 첫째 일반적인 드론에 대해서 살펴보고, 드론으로 할 수 있는 일들을 알아봅니다. 둘째, 아두이노 드론을 소개한 후, DIY 드론 제작 방법을 살펴봅니다. 마지막으로 아두이노 개발환경을 구성한 후, ESP32 아두이노 드론을 조립합니다.

Chapter 02에서는 첫째, MPU6050 균형계를 살펴보고, Roll, Pitch, Yaw를 이해해보고, MPU6050 레지스터를 살펴봅니다. 둘째, 가속도 자이로 센서값을 읽어보고, 가속도 자이로 센서 해석 방법을 소개하고, 센서의 특성과 상보필터의 구조를 살펴봅니다. 마지막으로, 센서 값을 보정하고, 주기 시간을 계산하고, 자이로 센서, 가속도 센서를 이용하여 각도를 구해봅니다.

Chapter 03에서는 첫째, MPU6050 균형계를 살펴보고, Roll, Pitch, Yaw를 이해해보고, MPU6050 레지스터를 살펴봅니다. 둘째, 가속도 자이로 센서값을 읽어보고, 가속도 자이로 센서 해석 방법을 소개하고, 센서의 특성과 상보필터의 구조를 살펴봅니다. 마지막으로, 센서 값을 보정하고, 주기 시간을 계산하고, 자이로 센서, 가속도 센서를 이용하여 각도를 구해봅니다.

Chapter 04에서는 첫째, PID 이론, PID의 역사적 배경, PID 원리를 이해해 봅니다. 둘째, 표준 PID 제어 알고리즘을 구한 후, 비례항 P를 구현해 봅니다. 셋째, 모터 속도 분배 알고리즘을 구한 후, 모터 속도 분배를 구현해 봅니다. 넷째, 사용자 입력을 받아 모터 속도를 조절해 봅니다. 마지막으로 미분항 D를 구현하여 드론을 날려봅니다.

Chapter 05에서는 첫째, 드론 조종 기능을 추가하고, 적분항 I를 구현해 봅니다. 둘째, 드론 조종앱을 사용하여 드론을 날려보고, 자율 비행을 구현해 봅니다. 마지막으로 이중 PID 제어기 알고리즘을 구한 후, 이중 PID 제어기를 구현해 봅니다.

드론은 코딩을 효율적으로 공부하기 위한 아주 좋은 목표입니다. 때론 어려운 내용이 있다 하더라도 목표가 분명하면 사람들은 도전합니다. 사람들의 이러한 모습을 전 교육을 통해 반복적으로 확인하고 있습니다. 독자 여러분은 드론을 목표로 코딩에 대에 깊이 있게 공부하는 자신을 발견할 것입니다. 이 책이 독자 여러분에게 도움이 되기를 바랍니다.

저자 **서민우**

Reader Support Center

독자 지원 센터

독자 지원 센터는 이 책을 보는데 필요한 책 소스 파일, 프로젝트 파일, 독자 문의 등 책을 보는데 필요한 사항을 지원합니다.

책 소스 및 프로젝트 파일

이 책과 관련된 실습 소스 및 프로젝트 파일은 앤써북 카페(http://answerbook.co.kr)의 [도서별 독자 지원 센터]–[ESP32 아두이노 드론 만들고 PID 제어하기] 게시판을 클릭합니다. 347번 [공지] 글 《SP32 아두이노 드론 만들고 PID 제어하기_책 소스 다운로드》 게시글을 클릭한 후 안내에 따라 다운로드 받으시면 됩니다.

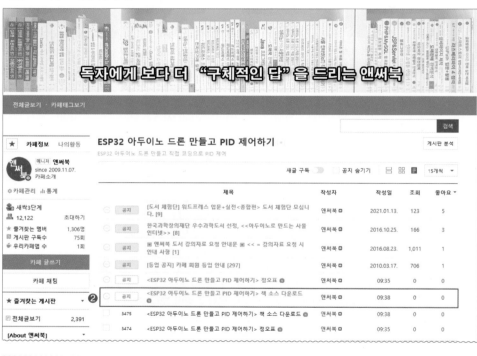

독자 문의

책을 보면서 궁금한 내용은 앤써북 카페(http://answerbook.co.kr)의 [도서별 독자 지원 센터]–
[ESP32 아두이노 드론 만들고 PID 제어하기] 게시판을 클릭합니다.

우측 아래의 [글쓰기] 버튼을 클릭한 후 제목에 다음과 같이 "[문의] 페이지 수, 질문 제목"을 입
력하고 궁금한 사항은 아래에 작성 후 [등록] 버튼을 클릭하여 등록합니다.

등록된 질의글은 저자님께서 최대한 빠른 시간에 답변드릴 수 있도록 안내합니다.

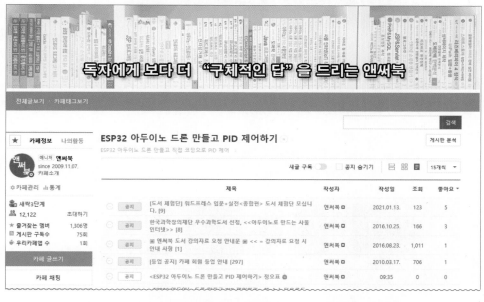

Hands-on supplies

이 책의 실습 준비물

이 책에서 사용하는 전체 부품은 《ESP 아두이노 드론 키트》에 모두 포함되어 있습니다. 단, ESP 아두이노 보드는 옵션이며, 선택 구매할 수 있습니다.

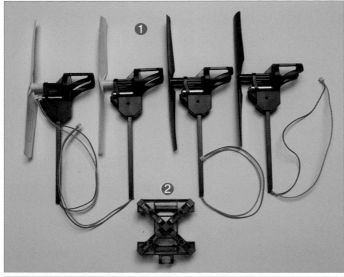

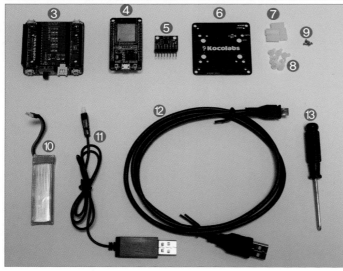

번호	이름	수량
❶	날개 지지대	4개
❷	드론 플라스틱 몸체	1개
❸	드론 쉴드	1개
❹	ESP32 아두이노	1개
❺	MPU6050 센서	1개
❻	드론 쉴드 고정판	1개
❼	플라스틱 지지대	4개+@1~2개
❽	플라스틱 볼트	8개+@1~2개
❾	1.4x4 볼트	4개+@1~2개
❿	3.7V/500mA 배터리	1개
⓫	배터리 충전기	1개
⓬	USB A 미니 B 케이블	1개
⓭	드라이버	1개

Contents

목차

Chapter 01
ESP32 아두이노 드론 준비하기

Contents

목차

Chapter 02
ESP32 아두이노 드론 살펴보기

Chapter 03

드론 Roll, Pitch, Yaw 각도 구하기

Contents

목차

Chapter
04

PID 제어로 드론
띄우기

Chapter 05

PID 제어로
드론 날리기

ESP32 Arduino drone

ESP32 아두이노 드론 준비하기

이번 Chapter에서는 첫째 일반적인 드론에 대해서 살펴보고, 드론으로 할 수 있는 일들을 알아봅니다. 둘째, 아두이노 드론을 소개한 후, DIY 드론 제작 방법을 살펴봅니다. 마지막으로 아두이노 개발환경을 구성한 후, ESP32 아두이노 드론을 조립합니다.

01 _ 드론이란?

▲ 카메라가 달려 있어 촬영용으로 사용하는 드론 〈출처: (cc) Don McCullough〉

드론이란 탑승 조종사없이 무선전파로 비행 및 조종할 수 있는 무인 항공기를 의미합니다. 드론에는 카메라, 센서, 통신시스템 등이 탑재돼 있으며 25g부터 1200kg까지 무게와 크기도 다양합니다. 드론은 처음에는 군사용도로 개발되었지만 현재는 고공 촬영과 배달 등 다양한 민간 분야는 물론 농약을 살포하거나, 공기 질을 측정, 인공지능, GPS 빅데이터, 광학탐지 등 다양한 기술과 결합하여 다방면에 활용되고 있습니다.

02 _ 드론으로 무엇을 할 수 있나요?

드론으로 무엇을 할 수 있을까요? 다음 FuturistSpeaker의 웹페이지에는 미래에 드론으로 할 수 있는 192 가지 일들에 대해 소개하고 있습니다.

http://www.futuristspeaker.com/business-trends/192-future-uses-for-flying-drones/

이 중 몇 가지를 살펴보도록 합니다.

조기 경보 시스템

다음과 같은 형태의 조기 경보 시스템으로 활용할 수 있습니다.

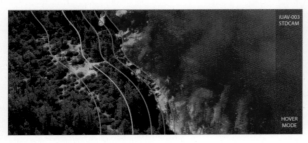

❶ 지진 경보
❷ 태풍 감시
❸ 임박한 홍수 경보
❹ 지진, 해일 예측
❺ 산불 경보

비상 서비스

다음과 같은 형태의 비상 서비스를 위해 사용할 수 있습니다.

❶ 미아 찾기 – 냄새 센서로 아이의 냄새 추적
❷ 인명 구조 – 열센서로 인체 감지
❸ 초기 산불 감지 – 적외선 센서로 열 감지
❹ 밀렵 방지 – 덫에 걸린 동물 찾아내기
❺ 교통사고 확인 – 교통사고 제보 접수시 드론으로 신속한 확인

뉴스 보고

뉴스에도 활용할 수 있습니다.

❶ 사건 사고 감시 보고 – 사건 사고 발생시 영상 촬영 후 송신
❷ 실시간 교통흐름 보고
❸ 공기질 측정 보고

배달

배달 서비스에도 유용하게 사용할 수 있습니다.

❶ 우편물, 택배 배달
❷ 식료품 배달
❸ 반송 서비스
❹ 농장 직구매

산업활동 감시

❶ 건설 현장 감시
❷ 건물 열손실 감지

농업과 목축

❶ 씨 뿌리기
❷ 진드기 등의 곤충 개체수 추적
❸ 곡식 질병 조기 감지
❹ 농약 뿌리기
❺ 가축 감시

이 외에도 다양한 분야에서 드론을 활용할 수 있습니다.

03 _ 어디서 날릴 수 있나요?

우리나라에서는 드론을 지역의 제한을 받지 않고 자유롭게 날릴 수 없습니다. 드론은 지역에 따라 비행제한을 받습니다. 즉 드론을 비행할 수 없는 비행금지구역이 있습니다.

드론을 날리는 데는 항공법의 규제를 받기 때문입니다. 항공법이란 드론을 언제 날릴 수 있는지, 어디서 날릴 수 있는지, 어떤 용도로 날릴 수 있는지를 규정하는 법을 말합니다.

비행금지장소는 다음과 같습니다.

❶ 비행금지구역
❷ 비행장으로부터 반경 9.3km 이내인 곳
❸ 모든 지역에서 150m 이상의 고도
❹ 모든 지역에서 인구밀집지역 또는 사람들이 모여 있는 곳의 상공

다음은 항공법에 규정된 비행금지공역을 나타낸 지도입니다.

항공법에 규정된 비행 금지 구역은 다음과 같습니다.

❶ 서울시 대부분, 휴전선 인근, 기타 지정된 비행금지구역
❷ 전국 비행장(민간항공, 군 공항) 반경 9.3km 이내
❸ 모든 지역에서 150m 이상의 고도
❹ 모든 지역에서 인구밀집지역 또는 사람이 많이 모인 곳의 상공

비행금지구역과 비행제한구역에 대한 자세한 내용은 앤써북 카페(http://answerbook.co.kr)의 [책소스/자료 받기]-[책 관련 자료실] 게시판에서 "드론 비행 전 확인해야할 것들" 1576번 게시물을 참조합니다.

04 _ 아두이노 드론이란?

아두이노 드론이란 아두이노 보드나 아두이노 호환 보드로 제어하는 드론을 말합니다. 다음은 ArduIMU quadcopter라고 하는 드론입니다.

▲ ArduIMU quadcopter _ 출처: http://diydrones.com/profiles/blogs/arduimu-quadcopter-part-iii

ArduIMU 드론에는 다음과 같은 모양의 Arduino Pro mini 보드가 탑재되어 있습니다.

이러한 아두이노 드론에는 아두이노 스케치가 올라갈 수 있습니다. 그러나 우리가 일반적으로 보는 간단한 형태의 아두이노 스케치는 아닙니다. 예를 들어, multiwii 기반의 아두이노 드론의 경우 2000줄 이상의 펌웨어에 가까운 소스가 올라갑니다. 또, ardupilot의 경우엔 객체 지향의 코드가 올라가며 소스의 량도 70만줄 정도로 아주 방대합니다.

05 _ 아두이노 드론 어떤 것들이 있나요?

아두이노 기반의 드론은 많은 DIY maker 들에 의해 만들어집니다. 그 중 아두파일럿(ardupilot)과 멀티위(multiwii) 두 사이트가 대표적입니다.

- 아두파일럿 http://ardupilot.org/copter/
- 멀티위 http://www.multiwii.com/

ardupilot

아두파일럿(ardupilot)은 공개 소프트웨어로 드론 외에도 비행기, RC카, 미션 플래너 용으로 사용할 수 있습니다. ardupilot은 리눅스 재단에서 설립한 드론 코드 프로젝트로도 통합됩니다.
먼저 다음 아두파일럿 사이트를 살펴보겠습니다.

http://ardupilot.org/copter/

다음은 이 사이트에서 볼 수 있는 Solo라는 드론입니다.

이 드론에는 다음과 같은 비행 제어기가 사용됩니다. 이 비행 제어기의 이름은 ArduPilot입니다.

다음은 ArduPilot을 장착한 DIY 드론의 사진입니다.

ArduPilot에는 다음과 같은 모양의 아두이노 호환 보드가 내부에 들어가 있습니다.

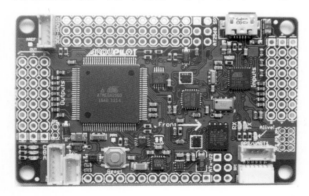

이 아두이노 호환 보드에는 아두이노 메가 2560에서 사용하는 칩과 같은 칩을 사용합니다.

multiwii

멀티위(Multiwii)는 공개 소프트웨어로 Wii 모션 플러스 확장과 아두이노 프로 미니 보드를 기반으로 탄생되었습니다.

멀티위 사이트를 살펴보겠습니다.

http://www.multiwii.com/

이 사이트에는 아두이노에 업로드 할 수 있는 multiwii라는 소프트웨어를 공개하고 있습니다. multiwii는 몇 가지 RC 드론 모델을 제어할 수 있는 공개 소스입니다. 지금은 여러 가지 센서를 사용할 수 있지만 처음에는 닌텐도의 Wii 콘솔 자이로 가속도 센서를 이용하여 개발되었습니다.

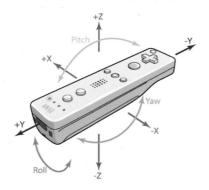

multiwii에서 주로 사용하는 비행 제어기는 CRIUS로 아두이노 메가에서 사용하는 컨트롤러가 올라가 있습니다.

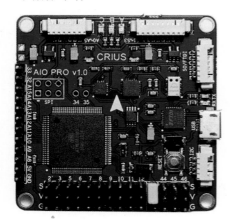

06 _ DIY 드론 제작하기

DIY 드론을 제작하려는 독자에게 몇 가지 방법을 제시해 보도록 하겠습니다. 드론은 다음과 같은 3가지 방법으로 구입 또는 직접 제작할 수 있습니다.

❶ 완제품 또는 완전 조립 키트로 제작하기
❷ 반 완제품 키트로 제작하기
❸ 3D 프린터 DIY로 제작하기

완제품으로 시작하기

처음 입문용으로는 완제품 또는 완전 조립 키트 방식의 간단하고 작은 드론으로 시작하는 것이 좋습니다. 다음은 Syma사의 X5HW 드론입니다. 7만원 전후(시세에 따라 변동될 수 있음)의 가격으로 구매할 수 있습니다.

X5HW 드론은 기압계가 장착되어 어느정도의 호버링이 가능합니다. Wifi 카메라가 달려있어 스마트폰으로 실시간 영상 전송도 가능합니다.

고급 취미용 드론으로는 DJI사의 Mavic Pro도 인기가 많습니다.

DJI사의 Mavic Pro는 완제품으로 항공촬영이 가능한 휴대용 드론입니다. 최대 7km의 거리까지 풀 HD 영상으로 실시간 모니터링이 가능하며, 최대 27분간 비행이 가능합니다. 어플에서 피사체를 지정하고 GO 버튼을 누르면 피사체를 따라 움직이는 기능도 있습니다.

반 완제품으로 만들기

여기서는 반 완제품으로 DJI 사의 F450 FlameWheel을 소개드리겠습니다.

DJI F450 FlameWheel 쿼드콥터 키트로 만들기

반 완제품으로는 DJI F450 FlameWheel 쿼드콥터 키트가 좋습니다. 이 키트는 프레임, 전기회로가 내장된 보드, 4개의 ESC(전자변속기) 및 모터, 8개의 프로펠러로 구성됩니다. 여기에 Pixhawk 컨트롤러와 배터리, 전파 송수신기를 별도로 구입해야 합니다. 키트에 포함된 부품은 모두 품질이 뛰어나며, 진품 DJI FlameWheel 프레임은 아주 튼튼합니다. 가격은 F450 키트는 $180, Pixhawk + GPS/Compass는 $280, 배터리 $35로 총 $495입니다. 단, 시세에 따라 가격이 변동될 수 있습니다. 추가로 전파 송수신기가 필요합니다.

3D 프린터로 만들기

3D 프린터를 활용한 DIY 형태의 드론도 제작 가능합니다. 다음은 3D 프린터를 이용하여 몸체를 만든 후, 모터와 FC, 카메라 등을 장착하여 드론을 완성한 사진입니다.

다음과 같은 3D 프린터 도면을 이용하여 출력할 수 있습니다.

다음 사이트에서 다양한 드론의 몸체를 찾을 수 있습니다.

http://www.thingiverse.com/

07 _ 아두이노 소프트웨어 설치하기

이제 드론 소프트웨어를 구현하고, 컴파일하고, 업로드하기 위한 개발 환경을 위한 아두이노 스케치 IDE(Integrated development environment, 통합개발환경)를 설치하도록 합니다.

※ 통합개발환경(IDE)=스케치 작업 + 컴파일 + 업로드

다음과 같은 아두이노 소프트웨어를 설치해 봅니다.

우리는 이 프로그램을 이용하여

❶ 아두이노 스케치를 작성하고,

❷ 작성한 스케치를 컴파일하고,

❸ 컴파일한 스케치를 아두이노 드론 보드상에 업로드하고,

❹ 시리얼 모니터를 통해 결과를 확인하게 됩니다.

1 아두이노 사이트(www.arduino.cc)에 접속합니다.

2 아두이노 사이트 메인화면 상단의 [Software] 메뉴를 클릭합니다.

3 "Software" 페이지가 열립니다. 페이지를 아래로 조금 이동하여 "Download the Arduino IDE" 영역을 찾습니다. 아두이노 IDE는 Windows, Mac, Linux 등 다양한 운영체제 환경에서 사용이 가능합니다. 프로젝트를 시작하기 전에 앞서, 자신이 사용하는 시스템에서 사용하는 운영체제에 맞는 IDE를 설치해야 합니다. 필자는 윈도우 버전을 설치해보겠습니다. [Windows installer]을 클릭하면 다운로드가 시작됩니다.

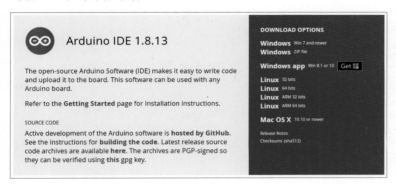

※ 2020년 12월 기준 ARDUINO 1.8.13 이 사용 됩니다. 다운로드 시점에 따라 버전이 달라질 수 있습니다.

4 [Windows Win 7 and newer]를 마우스 클릭합니다.

Windows Win 7 and newer

5 "Contribute to the Arduino Software" 페이지로 연결됩니다. 하단에 있는 [JUST DOWNLOAD] 버튼을 눌러 다운로드를 진행합니다.

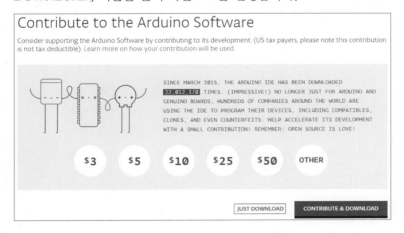

※ 맥(MAC) OS 사용자의 경우엔 다음을 선택합니다.

Mac OS X 10.10 or newer

※ 리눅스 OS 사용자의 경우엔 다음 중 하나를 선택합니다.

[Linux ARM 32 bits]나[Linux ARM 64 bits]의 경우엔 라즈베리파이와 같이 ARM 기반 SOC에서 동작하는 리눅스에서 사용합니다.

❻ 다운로드가 완료되면 마우스 클릭하여 설치 프로그램을 실행시킵니다.

❼ 다음과 같이 [Arduino Setup: License Agreement] 창이 뜹니다. 사용 조건 동의에 대한 내용입니다. [I Agree] 버튼을 눌러 동의합니다.

❽ 다음과 같이 [Arduino Setup: Installation Options] 창이 뜹니다. 설치 선택에 대한 내용입니다. 기본 상태로 둔 채 [Next] 버튼을 누릅니다.

❾ 다음과 같이 [Arduino Setup: Installation Folder] 창이 뜹니다. 설치 폴더 선택 창입니다. 기본 상태로 둔 채 [Install] 버튼을 누릅니다.

⑩ 그러면 다음과 같이 설치가 진행됩니다.

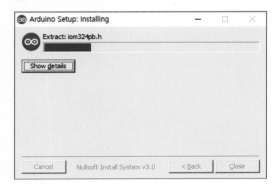

⑪ 설치 마지막 단계에 다음과 같은 창이 하나 이상 뜹니다. 아두이노 보드에 접근하기 위해 필요한 드라이버 설치 창입니다. [설치(I)] 버튼을 눌러줍니다.

⑫ 다음과 같이 [Arduino Setup: Completed] 창이 뜹니다. 설치 완료 창입니다. [Close] 버튼을 눌러 설치를 마칩니다.

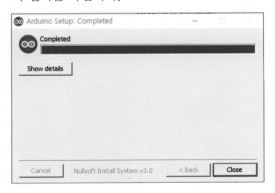

⑬ 바탕 화면에 다음 아두이노 실행 아이콘이 만들어집니다. 아두이노 실행 아이콘을 눌러 아두이노 소프트웨어를 실행시킵니다.

🔟 처음엔 다음과 같이 보안 경고 창이 뜹니다. 아두이노 소프트웨어를 사용하기 위해 필요한 부분이기 때문에 [액세스 허용(A)] 버튼을 클릭합니다.

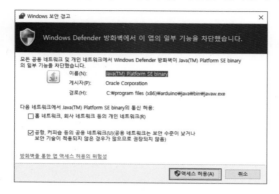

🔟 다음과 같이 아두이노 소프트웨어 프로그램이 실행되는 것을 볼 수 있습니다.

08 _ ESP32 아두이노 드론 키트 소개

본 책에서는 코코랩스 ESP32 아두이노 드론 키트를 이용하여 실습을 수행합니다.

▲ 코코랩스 ESP32 아두이노 드론 조립 완성품

코코랩스 ESP32 아두이노 드론은 다음과 같은 ESP32 아두이노를 이용하여 제어하며, 아두이노를 이용한 드론 소프트웨어 학습에 적합한 드론이라고 할 수 있습니다.

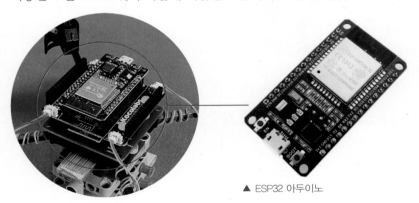

▲ ESP32 아두이노

이 책에서 아두이노 드론 실습 시 사용하는 전체 부품에 대해서 알아보겠습니다.

이 책에서 사용하는 전체 부품은 [코코랩스 ESP32 아두이노 드론 키트]에 모두 포함되어 있습니다.

만약 ESP32 아두이노 보드 등을 가지고 있다면 필요한 부품만을 개별적으로 구매하시기 바랍니다.

ESP32 아두이노 드론 부품 살펴보기

본 책에서 다룰 ESP32 아두이노 드론 키트의 부품은 다음과 같습니다.

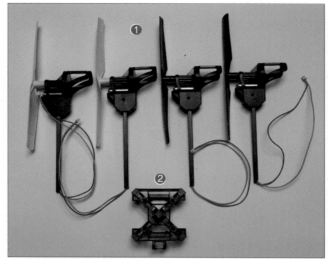

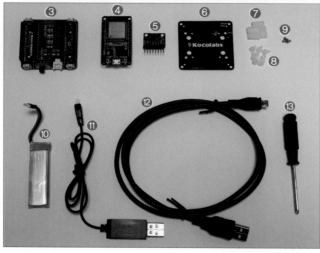

번호	이름	수량
❶	날개 지지대	4개
❷	드론 플라스틱 몸체	1개
❸	드론 쉴드	1개
❹	ESP32 아두이노	1개
❺	MPU6050 센서	1개
❻	드론 쉴드 고정판	1개
❼	플라스틱 지지대	4개+@1~2개
❽	플라스틱 볼트	8개+@1~2개
❾	1.4x4 볼트	4개+@1~2개
❿	3.7V/500mA 배터리	1개
⓫	배터리 충전기	1개
⓬	USB A 미니 B 케이블	1개
⓭	드라이버	1개

> ▶ **ESP32 드론 키트 구매처 소개**
>
> 책에서 소개된 ESP32 아두이노 드론 키트는 다음 사이트에서 구입할 수 있습니다.
> - 키트명 : ESP32 아두이노 드론 키트 만들고 직접 코딩하기
> - 구매처 : 코코랩스 (http://kocolabs.co.kr/)

아두이노 드론 짐볼 부품 살펴보기

다음은 드론 수평회전과 PID 테스트 시 사용할 짐볼 부품을 소개합니다.

다음은 드론 짐볼 연결 보드입니다.

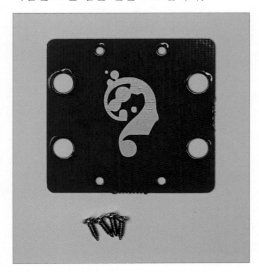

볼트 규격은 1.7 x 5mm입니다.

다음은 드론 짐볼 조립에 사용할 블록입니다. 각 블록 하단에 사용할 블록의 개수가 표시되어 있습니다.

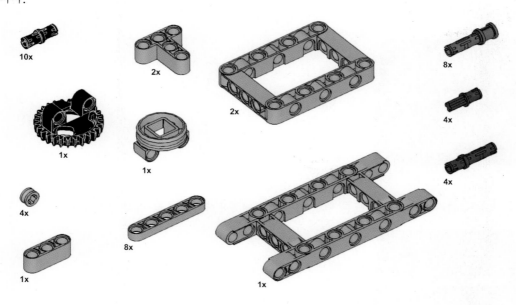

09 _ ESP32 아두이노 드론 조립하기

다음과 같은 순서로 ESP32 아두이노 드론을 조립해 봅니다.

※ ESP32 아두이노 드론과 짐볼 조립 과정은 동영상을 참조하면 손쉽게 진행할 수 있습니다.

▲ 전체 조립 동영상 QR 코드

1 드론 쉴드 고정판 조립하기

2 드론 쉴드 고정판과 드론 플라스틱 몸체 결합하기

3 드론 쉴드 장착하기

4 MPU6050 센서 장착하기

5 ESP32 아두이노 장착하기

6 드론 날개와 몸체 연결하기

7 드론 몸체에 배터리 장착하기

8 드론 짐볼 연결보드 장착하기

9 드론 짐볼 부품 조립하기

10 드론 몸체에 짐볼 부품 장착하기

드론 쉴드 고정판 조립하기

1 다음과 같이 드론 쉴드 고정판, 플라스틱 지지대 1개, 플라스틱 볼트 1개를 준비합니다.

2 다음과 같이 플라스틱 볼트를 드론 쉴드 고정판 아래쪽에서 위쪽으로 끼워 넣습니다.

❸ 다음과 같이 플라스틱 지지대를 결합합니다. 드라이버를 이용하여 적당히 조여 줍니다.

❹ 플라스틱 지지대 3개, 플라스틱 볼트 3개를 더 준비합니다.

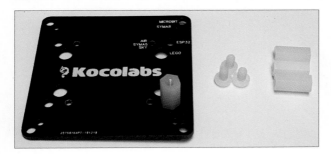

❺ 같은 방식으로 나머지 플라스틱 지지대와 볼트를 결합합니다. 드라이버를 이용하여 적당히 조여 줍니다.

드론 쉴드 고정판과 드론 플라스틱 몸체 결합하기

❶ 다음과 같이 드론 쉴드 고정판, 드론 플라스틱 몸체, 1.4x4mm 볼트를 준비합니다.

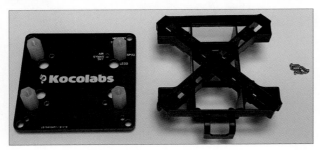

2 다음과 같이 드론 쉴드 고정판을 드론 플라스틱 몸체와 맞춥니다.

3 드라이버를 이용하여 다음과 같이 4군데 볼트를 체결합니다. 드론 쉴드 고정판이 드론 플라스틱 몸체에서 흔들리지 않도록 적당히 단단히 조립합니다.

드론 쉴드 장착하기

1 다음과 같이 드론 쉴드 고정판, 드론 쉴드, 플라스틱 볼트 4개를 준비합니다.

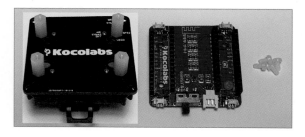

2 다음과 같이 드론 쉴드를 드론 쉴드 고정판 위에 올린 후, 플라스틱 볼트 4개를 드라이버를 이용하여 체결합니다. 드론 쉴드가 흔들리지 않도록 적당히 조여 줍니다.

MPU6050 센서 장착하기

1 다음과 같이 드론 쉴드, MPU6050 센서를 준비합니다.

2 다음과 같이 드론 쉴드에 MPU6050 센서를 장착합니다.

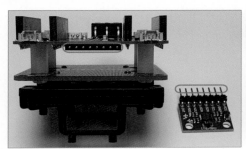 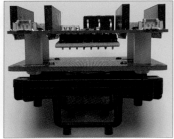

ESP32 아두이노 장착하기

1 다음과 같이 드론 쉴드, ESP32 아두이노를 준비합니다.

2 다음과 같이 드론 쉴드에 ESP32 아두이노를 장착합니다.

드론 날개와 몸체 연결하기

1 다음과 같이 날개 지지대와 조립된 드론 쉴드 고정판을 준
비합니다. 화살표 부분에 A2라고 쓰인 흰색 날개 지지대를 준
비합니다.

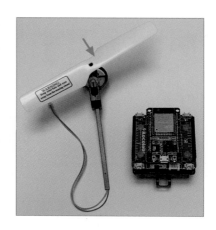

2 다음과 같이 전선을 잡습니다.

3 다음과 같이 흰색 A2 날개 지지대를 드론 플라스틱 몸체에 끼워 넣습니다.

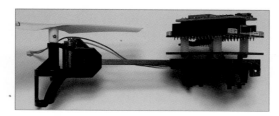

4 화살표 표시 부분까지 밀어 넣습니다.

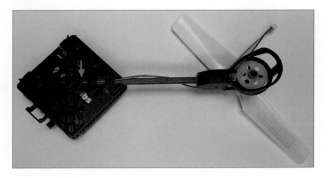

5 나머지 날개도 다음과 같이 조립합니다.

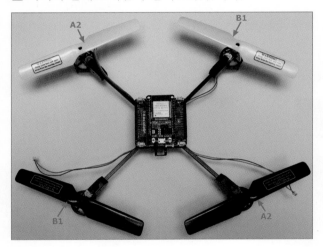

6 다음은 아래에서 본 모습입니다.

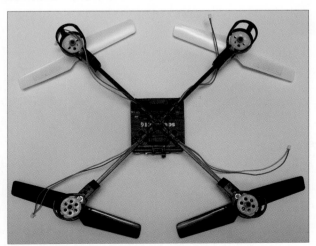

7 다음과 같이 전선을 지지대에 4~5회 감아 준 후, 커넥터를 드론 쉴드 고정판에 연결해 줍니다.

드론 몸체에 배터리 장착하기

1 다음과 같이 배터리를 드론 플라스틱 몸체에 끼워 넣습니다.

2 다음과 같이 ❶ 모터 전원을 OFF 상태로 두고, ❷ 배터리 커넥터를 연결합니다.

❶ 모터 전원은 모터를 구동할 때만 ON 상태로 두고 구동합니다. OFF 상태시 모터가 구동되지 않습니다.

❸ 배터리 충전 시에는 다음과 같이 배터리 충전기에 배터리 커넥터를 연결한 후, 충전기를 USB 단자에 연결합니다. 완충시간은 약 70분입니다. 배터리 사용시간은 드론을 연속적으로 날릴 경우 5분 전후입니다.

드론 짐볼 연결보드 장착하기

다음과 같이 짐볼 연결보드를 드론에 장착합니다.

 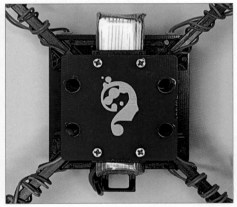

볼트 규격은 1.7 x 5mm입니다.

드론 짐볼 부품 조립하기

다음과 같은 순서로 드론 짐볼을 조립합니다.

※ 드론 짐볼 부품 조립 과정은 전체 조립 동영상을 참조하면 손쉽게 진행할 수 있습니다.

1

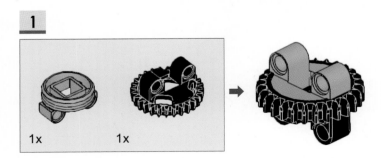

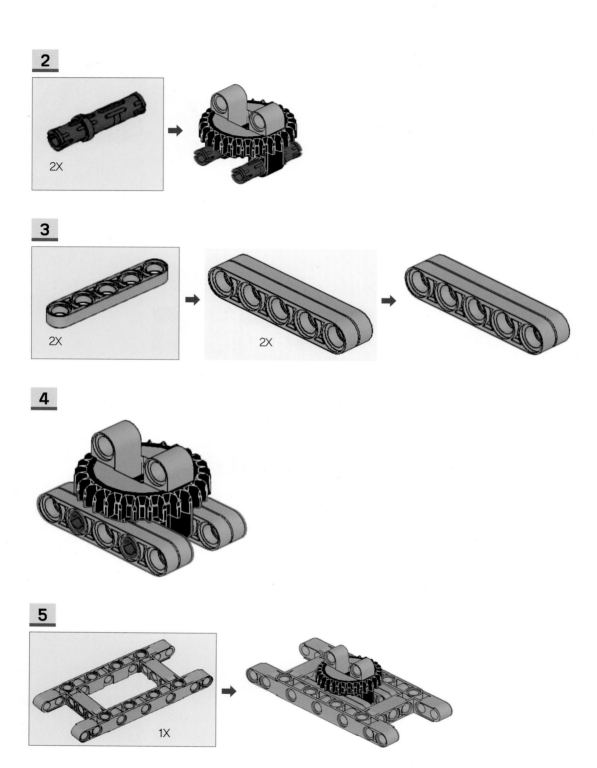

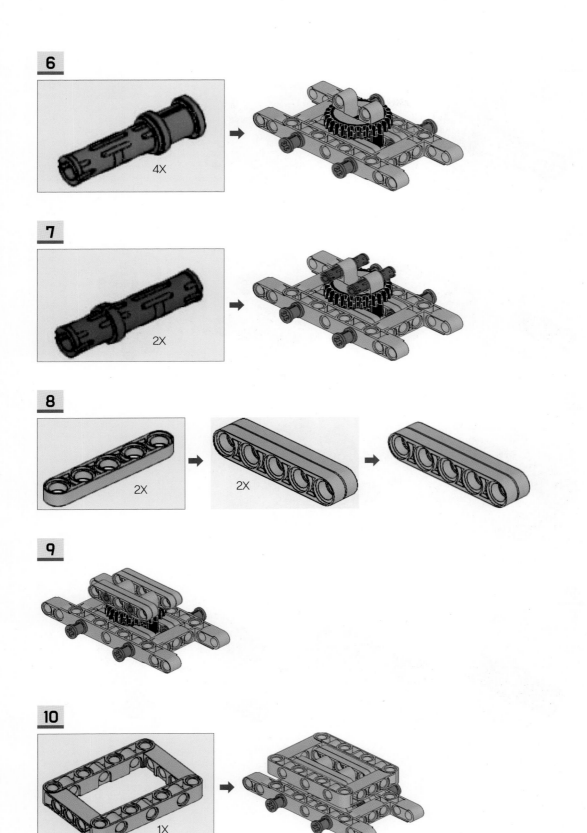

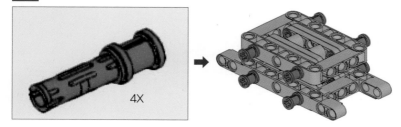

4X

12

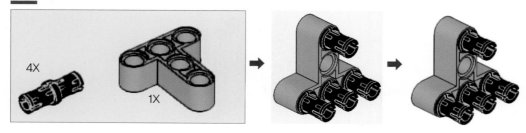

4X

1X

13

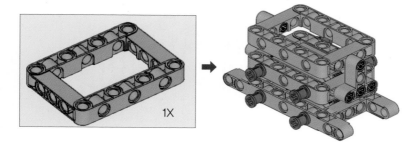

1X

14

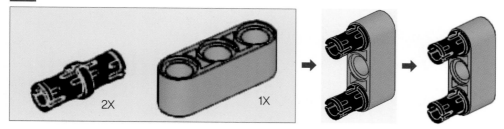

2X

1X

15

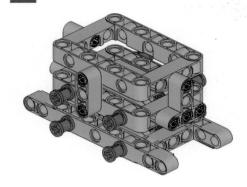

16

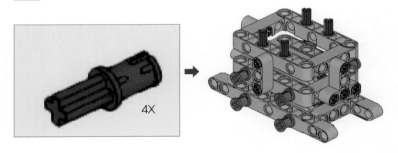

4X

드론 몸체에 드론 짐볼 장착하기

다음과 같이 드론 짐볼 연결 보드에 드론 짐볼을 장착합니다.

※ 드론 짐볼 연결 보드에 드론 짐볼 장착 과정은 전체 조립 동영상 QR 코드를 참조하면 손쉽게 진행할 수 있습니다.

다음과 같이 십자형 고리를 이용하여 드론을 십자형 팩에 고정합니다.

17

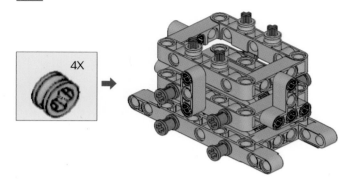

다음은 결과 그림입니다.

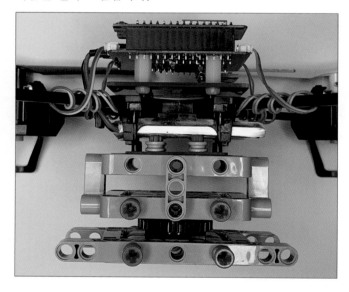

다음은 완성된 드론 모습입니다.

ESP32 Arduino drone

CHAPTER 02

ESP32 아두이노 드론 살펴보기

이번 Chapter에서는 첫째, ESP32 FC 보드를 살펴보고, ESP32 아두이노 드론 개발 환경을 구성합니다. 둘째, 아두이노 스케치 구조를 살펴보고, 시리얼 출력, 디지털 출력, PWM 출력, 시리얼 입력에 대해서 공부합니다. 마지막으로 블루투스 라이브러리를 살펴봅니다.

01 _ ESP32 FC 보드 살펴보기

우리가 사용할 비행 제어기(Flight Controller)는 [DOIT ESP32 DEVKIT V1]으로 다음과 같습니다. [DOIT ESP32 DEVKIT V1]은 ESP32 칩을 내장한 ESP-WROOM-32 모듈 기반으로 구성된 개발용 보드입니다. [DOIT ESP32 DEVKIT V1]은 4MB 또는 16MB 크기의 플래시 메모리와 160 또는 240MHz의 클록, 50KB 정도의 사용 가능한 RAM(실제 크기는 520KB), Wifi 모듈과 Bluetooth 모듈을 내장하고 있습니다. [DOIT ESP32 DEVKIT V1]은 아두이노 소프트웨어 기반의 개발이 가능합니다.

다음은 [DOIT ESP32 DEVKIT V1]의 사양입니다.

CPU	Xtensa 듀얼 코어 32 비트 LX6, 240MHz, 600DMIPS
SRAM	520 KB
Flash Memory	4 MB
Wi-Fi	IEEE 802.11 b/g/n
Bluetooth	v4.2 BR/EDR, BLE
LED PWM	16 채널
ADC	12-bit, 18 채널
DAC	8-bit x 2개
터치 센서	10개
UART	3개
I2C	2개
SPI	4개
I2S	2개
동작 전압	3.3V
입력 전압	7-12V

[DOIT ESP32 DEVKIT V1] 모듈은 와이파이, 블루투스 인터페이스와 시리얼 인터페이스를 가지고 있습니다.

다음 그림은 [DOIT ESP32 DEVKIT V1]의 주요 부분을 나타내고 있습니다.

❶ 부분은 와이파이, 블루투스 기능을 포함한 ESP-WROOM-32 모듈을 붙인 부분입니다.

❷ 부분은 시리얼 영역으로 SILICON LABS 사에서 만든 CP2102 칩입니다. CP2102 칩은 USB-to-UART 브리지 모듈로 ❸ 부분의 USB 단자와 ❶ 부분에 포함된 UART를 연결해주는 역할을 합니다.

ESP-WROOM-32 모듈 살펴보기

ESP-WROOM-32 모듈의 금속 막을 벗기면 내부 모양은 다음과 같습니다. ❶ 부분은 ESP32 칩이고, ❷ 부분은 SPI 통신 방식을 사용하는 플래시 메모리입니다.

▲ 출처 : https://en.wikipedia.org/wiki/ESP32

❶ ESP32 칩 내부에는 MCU, RAM, Wifi, Bluetooth, IO 등이 내장되어 있습니다. 그러나 프로그래밍 가능한 ROM은 없습니다. 그래서 사용자 프로그램을 저장하기 위해 ESP32 칩 외부에 SPI 플래시 메모리를 장착해야 합니다. ❷ 부분은 4MB 크기의 SPI 플래시 메모리입니다.

다음은 ESP32 칩의 내부 구조를 나타냅니다.

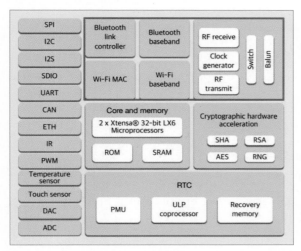

▲ 참조 https://www.exploreembedded.com/wiki/Overview_of_ESP32_features,_What_do_they_practically_mean%3F

빨간색 사각 박스 부분은 Wifi, Bluetooth 영역이고 나머지 부분은 MCU 영역입니다. MCU 영역은 Xtensa 32 비트 LX6 마이크로 프로세서 2개로 구성됩니다.

02 _ ESP32 아두이노 드론 개발 환경 구성하기

여기서는 아두이노 보드를 컴퓨터에 연결하는 방법, 아두이노 보드와 시리얼 포트를 선택하는 방법, 스케치를 작성하는 방법, 아두이노 오류 발생 시 대처 방법을 살펴봅니다.

ESP32 아두이노 보드에 컴퓨터 연결하기

이제 아두이노 보드와 컴퓨터를 연결해 봅니다. 아두이노 보드의 USB는 다음과 같이 세 가지 기능을 제공합니다.

❶ 전원을 공급 받을 수 있고,
❷ 시리얼 포트를 통해 컴파일한 프로그램을 업로드할 수 있고,
❸ 시리얼 포트를 통해 디버깅 메시지를 볼 수 있습니다.

그래서 아두이노 보드는 USB 케이블 하나로 컴퓨터로 연결될 수 있으며, 간단한 인터페이스를 이용하여, 개발을 진행할 수 있습니다.

1 USB 케이블의 한쪽 끝(micro B 형)을 드론의 아두이노 보드에 연결합니다.

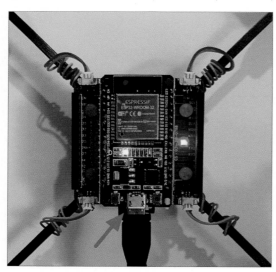

2 USB 케이블의 다른 쪽 끝을 컴퓨터에 연결합니다.

ESP32 아두이노 보드 패키지 설치하기

아두이노 소프트웨어에서 ESP32 아두이노 프로그래밍을 하기 위해서는 ESP32 아두이노 패키지를 설치해야 합니다. 다음과 같은 순서로 패키지를 설치합니다.

1 아두이노 소프트웨어를 실행합니다.

2 아두이노 소프트웨어에서 [파일]-[환경설정] 메뉴를 선택합니다.

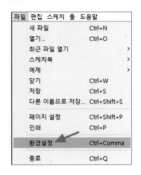

3 환경설정 창의 [추가적인 보드 매니저 URLs] 입력 박스에 다음과 같이 입력한 후, [확인] 버튼을 눌러줍니다. 아래에서 dl은 디엘입니다.

https://dl.espressif.com/dl/package_esp32_index.json

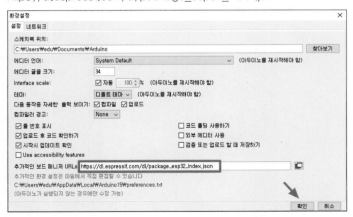

AVR 계통의 아두이노가 아닌 추가적인 보드를 아두이노 소프트웨어에 추가할 때 사용하는 방법입니다. 여기서는 아두이노 소프트웨어에 ESP32 아두이노 보드 개발 환경을 추가하기 위해 해당 사이트를 환경설정에서 추가하였습니다.

4 [툴]--[보드]--[보드 매니저...] 메뉴를 선택합니다.

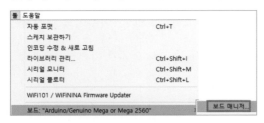

5 [보드 매니저] 창이 뜨면 다음과 같이 esp32를 검색한 후, esp32 패키지를 선택한 후 [설치] 버튼을 누릅니다. 설치가 완료되면 [닫기] 버튼을 누릅니다.

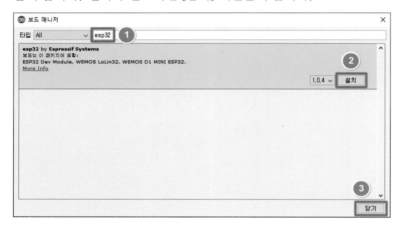

6 다음과 같이 [툴] 메뉴를 이용하여 보드와 포트를 선택합니다.

※ 포트의 경우 환경에 따라 다를 수 있습니다.

※ 우리는 포트를 통해서 아두이노 스케치 프로그램을 업로드하고, 시리얼 모니터를 통한 디버깅 메시지를 확인합니다.

스케치 작성해 보기

여기서는

❶ Hello PC 스케치를 작성한 후,

❷ 컴파일하고,

❸ 아두이노 보드에 업로드하고,

❹ 시리얼 모니터를 통해 결과를 확인해 봅니다.

스케치 작성하기

☑ 다음과 같이 예제를 작성합니다.

```
sketch_jan31a §
1 void setup() {
2   Serial.begin(115200);
3 }
4
5 void loop() {
6   Serial.println("Hello PC^^. I'm an ESP32~");
7 }
```

2 : 아두이노가 Serial.begin 명령을 수행하여 PC로 연결된 Serial의 통신 속도를 115200bps로 설정하게 합니다. 115200bps 는 초당 115200 비트를 보내는 속도입니다. 시리얼 포트를 통해 문자 하나를 보내는데 10비트가 필요합니다. 그러므로 1초에 115200/10 = 11520 문자를 보내는 속도입니다. 11520 문자는 A4 용지 기준 5~6페이지 정도의 양입니다. 비트는 0 또는 1을 담을 수 있는 데이터 저장의 가장 작은 단위입니다.

6 : 아두이노가 Serial.println 명령을 수행하여 "Hello PC^^. I'm an Arduino~" 문자열을 PC로 출력하게 합니다. println은 print line의 약자입니다. ln의 l은 영문 대문자 아이(I)가 아니고 소문자 엘(l)입니다.

시리얼 통신은 다음 부분을 통해서 이루어집니다.

시리얼 통신의 원리는 종이컵과 실을 이용하여 말하고 들을 수 있는 원리와 같습니다. 우리가 하는 말이 실을 통해 순차적으로 전달되는 원리로 아두이노 보드와 컴퓨터도 통신을 하게 됩니다.

스케치 저장하기

2 다섯 번째 아이콘인 [저장] 버튼을 누릅니다.

3 그러면 다음과 같은 창이 뜹니다.

4 프로젝트 디렉터리를 만들기 위해 오른쪽 상단에 있는 [새 폴더 만들기] 버튼을 누릅니다.

5 디렉터리 이름을 [droneLabs]로 합니다. 한글 이름은 오류가 발생할 수 있으므로 사용하지 않습니다.

6 [droneLabs] 디렉터리로 이동하여 [01_serial_println]을 입력한 후, [저장] 버튼을 누릅니다.

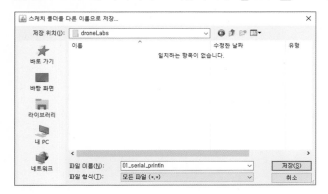

스케치 컴파일하기

7 첫 번째 아이콘인 [확인] 버튼을 눌러 컴파일을 수행합니다.

8 [컴파일 완료]를 확인합니다.

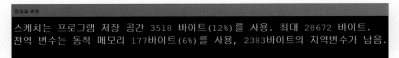

> **❝ 컴파일**
>
> 작성한 스케치를 아두이노 보드 상에 있는 마이크로 컨트롤러가 읽을 수 있는 코드로 변형하는 작업이며, 컴파일러라는 프로그램이 이 작업을 수행합니다. 한글로 쓴 소설을 영어로 번역하여, 영어를 사용하는 사람들이 읽을 수 있도록 하는 작업과 같다고 보면 됩니다

스케치 업로드하기

컴파일한 스케치를 아두이노 보드 상에 있는 마이컴에 쓰는 작업입니다. 업로드를 하면 전원을 꺼도 컴파일한 스케치의 내용은 마이컴 상에 남아 있습니다.

- 확인하기 : '02 ESP32 아두이노 보드 패키지 설치하기'을 참고하여 업로드 직전에 아두이노 보드와 포트를 선택합니다.

9 [업로드] 버튼을 눌러줍니다.

10 하단에 다음과 같이 표시되는 것을 확인합니다.

11 그림에서와 같이 [BOOT] 버튼을 3초 정도 눌러줍니다.

12 다음과 같이 업로드가 진행됩니다.

```
Hash of data verified.
Compressed 206544 bytes to 104402...
Writing at 0x00028000... (100 %)
```

13 [업로드 완료]를 확인합니다.

```
Leaving...
Hard resetting via RTS pin...
```

시리얼 모니터 확인

이제 결과를 시리얼 모니터를 통해 확인합니다.

14 [시리얼 모니터] 버튼을 눌러줍니다.

시리얼 모니터 🔍

15 시리얼 모니터 창이 뜨면, 우측 하단에서 통신 속도를 115200으로 맞춰줍니다.

새 줄 ∨ | 115200 보드레이트 ∨ | 출력 지우기

16 다음과 같은 메시지가 반복적으로 뜨는 것을 확인합니다.

```
Hello PC^^. I'm an ESP32~
Hello PC^^. I'm an ESP32~
Hello PC^^. I'm an ESP32~
Hello PC^^. I'm an ESP32~
Hello PC^^. I'm an ESP32~
```

loop 함수가 반복돼서 호출되기 때문에 메시지도 반복돼서 뿌려지게 됩니다.

아두이노 오류 발생 시 대처방법

앞으로 여러분은 아두이노 드론을 다루는 과정에서 몇 가지 정형화된 오류를 반복적으로 접하게 됩니다. 이 때는 다음 순서로 문제를 해결해 보도록 합니다.

1 USB 포트 연결에 문제가 발생하는 경우가 있습니다. 이 경우엔 USB 연결을 해제한 후 다시 연결합니다.

2 아두이노 소프트웨어에서 설정이 제대로 안되어 있는 경우가 있습니다. 이 경우엔 아두이노 소프트웨어의 tool 메뉴에서 보드와 포트가 제대로 선택되어 있는지 확인합니다.

3 아두이노 스케치에 C 문법 오류가 있는 경우가 있습니다. 이 경우엔 반점(;−세미콜론), 괄호(소괄호(), 중괄호{}, 대괄호[]), 점(.), 함수 색상 순서로 확인해 봅니다.

4 아두이노 보드 자체에 하드웨어적인 문제가 있는 경우가 있습니다. 이 경우엔 blink 예제로 아두이노 보드의 상태를 확인합니다.

03 _ 아두이노 스케치 구조 이해하기

여기서는 아두이노 스케치의 구조에 대해서 자세히 살펴보도록 합니다.
아두이노 스케치는 다음과 같이 두 개의 기본 함수로 구성됩니다.

```
void setup() {
  // put your setup code here, to run once:

}

void loop() {
  // put your main code here, to run repeatedly:

}
```

setup 함수는 코드 실행을 시작할 때 한 번만 수행되며, 사용하고자 하는 하드웨어(입출력 모듈:센서, 모터 등)를 초기화시키는 부분입니다. loop 함수는 반복적으로 수행되며, 하드웨어를 반복적으로 동작 시키는 부분입니다.

※ 함수는 기능이라는 의미로 수학에서 유래하였으며 원하는 기능을 수행하기 위한 명령의 집합으로 구성됩니다.

1 setup 함수를 다음과 같이 수정해 봅니다.

```
00_hello_pc
1 void setup() {
2   Serial.begin(115200);
3
4   Serial.println("setup");
5 }
6
7 void loop() {
8
9
10 }
```

2 : 시리얼 포트의 통신 속도를 115200으로 설정합니다.
4 : setup 문자열을 시리얼 포트로 출력합니다.

2 컴파일과 업로드를 수행합니다.

3 [시리얼 모니터] 버튼을 클릭합니다.

4 시리얼 모니터 창이 뜨면, 우측 하단에서 통신 속도를 115200으로 맞춰줍니다.

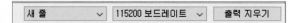

5 setup 문자열이 한 번 출력되는 것을 확인합니다.

※ setup 문자열을 확인할 수 없다면 다음에 표시된 [EN] 버튼을 눌러 재부팅을 수행하여 확인합니다.

```
setup
```

6 이번엔 loop 함수를 다음과 같이 수정합니다.

```
00_hello_pc
1  void setup() {
2    Serial.begin(115200);
3
4    Serial.println("setup");
5  }
6
7  void loop() {
8    Serial.println("loop");
9
10 }
```

8 : loop 문자열을 시리얼 포트로 출력합니다.

7 컴파일과 업로드를 수행한 후 [시리얼 모니터] 버튼을 클릭합니다.

8 시리얼 모니터 창이 뜨면, 우측 하단에서 통신 속도를 115200으로 맞춰줍니다.

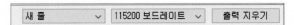

9 loop 문자열이 계속해서 출력되는 것을 확인합니다.

```
loop
loop
loop
loop
loop
```

04 _ 아두이노의 입 : Serial.println

앞에서 우리는 Serial.println 함수를 사용하여 다음과 같은 메시지를 PC로 보냈습니다.

```
Hello PC^^. I'm an ESP32~
Hello PC^^. I'm an ESP32~
Hello PC^^. I'm an ESP32~
Hello PC^^. I'm an ESP32~
Hello PC^^. I'm an ESP32~
```

아두이노가 여러분에게 인사를 한 것이죠. Serial.println 함수는 아주 유용한 함수입니다. 아두이노의 상태가 어떤지 우리에게 알려주는 주인공이 바로 Serial.println 함수입니다. 여러분은 앞으로 아두이노 스케치를 작성하다 버튼이나 센서의 값을 알고 싶은 경우가 있을 수 있습니다. 이 때 필요한 함수가 바로 Serial.println 함수입니다.

여러분은 아두이노 스케치를 통해 메시지를 출력할 때 다음 세 함수를 주로 사용하게 됩니다.

```
Serial.begin(speed)
Serial.println(val)
Serial.print(val)
```

Serial.begin

Serial.begin은 PC로 메시지를 보낼 때 데이터의 속도를 설정하는 함수입니다.
```
Serial.begin(speed);
```
❶

❶ PC로 메시지를 보낼 때 데이터 속도
  (300, 600, 1200, 2400, 4800, 9600, 14400, 19200, 28800, 38400, 57600, 115200)

Serial.begin 함수는 PC로 메시지를 보낼 때 데이터의 속도를 설정합니다. speed 인자를 통해 설정할 수 있는 속도 값은 다음과 같습니다.

300, 600, 1200, 2400, 4800, 9600, 14400, 19200, 28800, 38400, 57600, 115200

우리 책에서는 주로 115200을 사용합니다. 115200bps는 초당 115200 비트를 보내는 속도입니다. 시리얼 포트를 통해 문자 하나를 보내는데 10비트가 필요합니다. 그러므로 1초에 115200/10 = 11520 문자를 보내는 속도입니다. 11520 문자는 A4 용지 기준 5~6페이지 정도의 양입니다. 비트는 0 또는 1을 담을 수 있는 데이터 저장의 가장 작은 단위입니다.

PC로 메시지를 보내기 위해서는 Serial.print 또는 Serial.println 함수를 사용합니다.

Serial.println

Serial.println 함수는 메시지 출력 후, 커서 위치를 다음 줄 첫 번째 칸으로 옮기는 엔터 키 입력 효과를 줍니다. val 인자를 통해 보낼 수 있는 값은 문자열, 정수 값, 실수 값을 보낼 수 있습니다.
Serial.print 함수는 메시지만 출력하고, 커서의 위치는 옮기지 않습니다.
다음과 같이 형식(format) 인자를 이용하여 메시지 형식을 좀 더 자세하게 줄 수도 있습니다.

```
Serial.println(val, format)
Serial.print(val, format)
```

format 인자의 경우 val 인자가 정수일 경우엔 진법(DEC, HEX, OCT, BIN)을 설정할 수 있으며, 실수인 경우엔 소수점 이하 표시할 자리수를 설정할 수 있습니다. 뒤에서 예제를 통해 사용법을 살펴봅니다.
우리는 이 함수들을 이용하여 문자열과 숫자를 출력하게 됩니다. 숫자의 경우는 정수와 실수로 나눌 수 있습니다. 정수의 경우는 주로 10진수와 16진수로 표현할 수 있으며, 아두이노의 경우엔 2진수 표현도 가능합니다. 실수의 경우는 자릿수를 얼마나 나타낼지를 결정할 수 있습니다. 우리가 주로 사용하게 될 방법들을 위주로 몇 가지 예를 살펴보도록 합니다.

여러 형식의 자료 내보내기

여기서는 Serial.println 함수를 이용하여 문자열, 숫자, 문자를 출력해봅니다.

1 다음과 같이 예제를 작성합니다.

```
241.ino
01    void setup() {
02            Serial.begin(115200);
03
04            Serial.println("Hello PC^^. I'm an ESP32~");
05            Serial.println(78);
06            Serial.println(1.23456);
07            Serial.println('N');
08    }
```

```
09
10          void loop() {
11
12          }
```

04 : 문자열을 출력합니다.
05 : 정수 78을 10진수 문자열로 변환하여 출력합니다.
06 : 실수 1.23456을 10진 실수 문자열로 변환하여 출력합니다.
07 : 문자 N을 문자열로 변환하여 출력합니다.

2 [툴] 메뉴를 이용하여 보드, 포트를 다음과 같이 선택합니다.

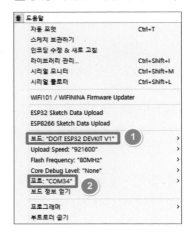

3 컴파일과 업로드를 수행한 후 [시리얼 모니터] 버튼을 클릭합니다.

4 시리얼 모니터 창이 뜨면, 우측 하단에서 통신 속도를 115200으로 맞춰줍니다.

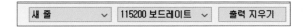

5 출력결과를 확인합니다.

```
Hello PC^^. I'm an ESP32~
78
1.23
N
```

1.23456 실수의 경우 기본적으로 소수점 아래 두 자리만 출력하는 것을 볼 수 있습니다.

※ setup 문자열을 확인할 수 없다면 다음에 표시된 [EN] 버튼을 눌러 재부팅을 수행하여 확인합니다.

❝ C의 자료형

C에서 일반적으로 사용하는 자료 형은 int, double, char *, char입니다. int는 정수 값을 담을 수 있는 자료 형을, double은 실수 값을 담을 수 있는 자료 형을, char *는 문자열의 첫 문자의 주소를 담을 수 있는 자료 형을, char는 한 문자를 담을 수 있는 자료 형을 나타냅니다. 정수의 경우엔 10진수와 16진수 두 종류가 있습니다. 10진수의 경우엔 개수나 번호 등에 사용되며, 16진수는 메모리 주소 값이나 특정한 비트의 값을 나타낼 때 사용합니다. 10진수는 주로 사칙연산자나 비교연산자와 같이 사용되며, 16진수는 주로 비트연산자와 같이 사용됩니다.

여러 형식의 숫자 내보내기

여기서는 Serial.println 함수를 이용하여 10진수와 16진수 정수를 출력해 봅니다. 또, 10진 실수의 소수점이하 출력을 조절해 봅니다.

1 다음과 같이 예제를 작성합니다.

```
242.ino
01    void setup() {
02            Serial.begin(115200);
03
04            Serial.println(78, DEC);
05            Serial.println(78, HEX);
06            Serial.println(78, BIN);
07
08            Serial.println(1.23456, 0);
09            Serial.println(1.23456, 2);
10            Serial.println(1.23456, 4);
11    }
12
13    void loop() {
14
15    }
```

04 : 정수 78을 10진수 문자열로 변환하여 출력합니다.
05 : %x 형식은 정수를 16진수 문자열로 변환하는 형식입니다. 여기서는 정수 78을 16진수 문자열로 변환하여 출력합니다.
06 : 정수 78을 2진수 문자열로 변환하여 출력합니다.
08 : 여기서는 실수 1.23456을 소수점 이하 0개까지 10진 실수 문자열로 변환하여 출력합니다.
09 : 여기서는 실수 1.23456을 소수점 이하 2개까지 10진 실수 문자열로 변환하여 출력합니다.
10 : 여기서는 실수 1.23456을 소수점 이하 4개까지 10진 실수 문자열로 변환하여 출력합니다.

2 컴파일과 업로드를 수행한 후 [시리얼 모니터] 버튼을 클릭합니다.

3 시리얼 모니터 창이 뜨면, 우측 하단에서 통신 속도를 115200으로 맞춰줍니다.

4 출력결과를 확인합니다.

```
78
4E
1001110
1
1.23
1.2346
```

05 _ 아두이노의 윙크 : digitalWrite

여러분은 다음과 같이 유튜브 등에서 아두이노를 이용하여 LED를 깜빡이는 동영상을 본적이 있나요?

LED를 깜빡이게 하는 주인공이 바로 digitalWrite 함수입니다.

여러분은 아두이노 스케치를 통해 LED를 제어할 때 다음 세 함수를 주로 사용하게 됩니다.

```
pinMode(pin, mode)
digitalWrite(pin, value)
delay(ms)
```

pinMode

pinMode란 특정 핀을 출력 또는 입력 모드로 설정하는 명령어입니다.

```
pinMode(pin, mode);
        ❶    ❷
```

❶ 설정하고자 하는 핀 번호
❷ 설정하고자 하는 모드로 입력일 때는 INPUT, 출력일 때는 OUTPUT

pinMode 함수는 특정한 핀을 출력으로 사용할지 입력으로 사용할지를 설정합니다. pin 인자로는 보드 상에 나와 있는 숫자를 사용합니다. mode 인자로는 OUTPUT, INPUT, INPUT_PULLUP을 사용할 수 있습니다. LED를 켜기 위해서는 0 또는 1을 LED로 쓰는 개념이기 때문에 OUTPUT으로 설정합니다. 버튼의 경우 버튼의 값을 읽는 개념이기 때문에 INPUT으로 설정합니다. 버튼의 경우 외부에 저항을 이용하여 회로를 구성하는데, 외부에 저항을 사용하지 않고 아두이노의 마이컴 내부에 있는 저항을 이용할 경우엔 INPUT_PULLUP으로 설정합니다. 마이컴 내부의 저항은 칩 내부에 있기 때문에 볼 수 없습니다.

digitalWrite

digitalWrite란 특정 핀을 HIGH 또는 LOW로 설정하는 명령어입니다.

```
digitalWrite(pin, value);
             ❶    ❷
```
❶ 제어하고자 하는 핀 번호
❷ HIGH 또는 LOW

digitalWrite 함수는 디지털 핀으로 HIGH(=1) 또는 LOW(=0) 값을 씁니다. pinMode 함수를 통해 해당 핀이 OUTPUT으로 설정되었을 때, HIGH 값의 경우엔 해당 핀이 3.3V로 설정되며, LOW 값의 경우엔 0V로 설정됩니다. 마치 우리가 거실에 있는 전등을 켜기 위해 스위치를 껐다 켰다 하는 원리와 같은 거죠.

delay

delay란 인자로 주어진 시간만큼 프로그램의 진행을 멈춥니다.

```
delay(ms);
      ❶
```
❶ 멈춰야할 밀리초(ms : unsigned long 형)

※ unsigned long은 변수형의 한 종류로 아두이노 스케치에서 0~4,294,967,295 (2^32 − 1) 범위의 0과 양의 정수 값을 갖습니다.

여기서는 digitalWrite 함수를 이용하여 LED를 켜보고 꺼보는 예제를 수행해 봅니다. 또 반복적으로 켜고 끄는 주기를 짧게 해가며 아래 그림과 같은 사각 파형에 대해서도 알아보도록 합니다.

아두이노 눈뜨기 : LED 켜기

먼저 digitalWrite 함수를 이용하여 LED를 켜봅니다. 여기서는 ESP32의 2번 핀에 연결된 LED를 켜 봅니다.

1 다음과 같이 예제를 작성합니다.

```
251.ino
01      const int LED =2;
02
03      void setup() {
04              pinMode(LED, OUTPUT);
05      }
06
07      void loop() {
08              digitalWrite(LED, HIGH);
09      }
```

01 : LED 상수에 2번 핀을 할당합니다.
04 : pinMode 함수를 이용하여 LED를 출력으로 설정하고 있습니다. pinMode 함수는 digitalWrite 함수를 이용하여 HIGH,
　　 LOW 값을 쓰고자 할 때 사용하는 함수입니다.
08 : digitalWrite 함수를 이용하여 LED에 HIGH 값을 씁니다. 그러면 LED는 켜지게 됩니다.

2 [툴] 메뉴를 이용하여 보드, 포트를 다음과 같이 선택합니다.

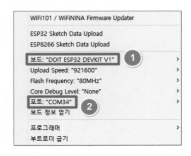

3 컴파일과 업로드를 수행합니다.

4 LED가 켜진 것을 확인합니다.

아두이노 눈감기 : LED 끄기

이번엔 digitalWrite 함수를 이용하여 LED를 꺼봅니다.

1 다음과 같이 예제를 수정합니다.

```
252.ino

01      const int LED =2;
02
03      void setup() {
04              pinMode(LED, OUTPUT);
05      }
06
07      void loop() {
08              digitalWrite(LED, LOW);
09      }
```

06 : digitalWrite 함수를 이용하여 LED에 LOW 값을 씁니다. 그러면 LED는 꺼지게 됩니다.

2 컴파일과 업로드를 수행합니다.

3 LED가 꺼진 것을 확인합니다.

아두이노 눈뜨고 감기 : LED 켜고 끄기 반복하기

이번엔 digitalWrite 함수를 이용하여 LED 켜고 끄기를 반복해 봅니다.

1 다음과 같이 예제를 작성합니다.

```
253.ino

01      const int LED =2;
02
```

```
03    void setup() {
04            pinMode(LED, OUTPUT);
05    }
06
07    void loop() {
08            digitalWrite(LED, HIGH);
09            digitalWrite(LED, LOW);
10    }
```

08 : digitalWrite 함수를 이용하여 LED를 켭니다.
09 : digitalWrite 함수를 이용하여 LED를 끕니다. 켜고 끄는 동작을 반복하기 위해 loop 함수에서 수행합니다.

2 컴파일과 업로드를 수행합니다.

3 LED를 확인합니다.

LED가 켜진 것처럼 보입니다. 아두이노의 켜고 끄는 동작이 너무 빠르기 때문에 켜진 것처럼 보입니다.

천천히 눈뜨고 감기 : LED 켜고 끄기 확인하기

LED가 켜지고 꺼지는 것을 확실하게 볼 수 있도록 예제를 수정해 봅니다.

1 다음과 같이 이전 예제를 수정합니다.

254.ino

```
01    const int LED =2;
02
03    void setup() {
04            pinMode(LED, OUTPUT);
05    }
06
```

```
07      void loop() {
08              digitalWrite(LED, HIGH);
09              delay(500);
10              digitalWrite(LED, LOW);
11              delay(500);
12      }
```

09, 11 : 0.5초간 지연을 줍니다. delay 함수는 아두이노가 아무것도 수행하지 않고 일정시간을 기다리게 하는 함수입니다. 함수의 인자로 주어지는 500은 밀리 초 단위입니다. 여기서는 500 밀리 초 동안 아두이노가 아무것도 수행하지 않습니다.

❷ 컴파일과 업로드를 수행합니다.

❸ LED의 동작을 확인합니다.

1초 주기로 LED가 켜졌다 꺼졌다 하는 것을 확인합니다. 즉, 1Hz의 주파수로 LED가 점멸하는 것을 확인합니다.

LED의 점등은 LED(=2) 핀을 통해 나오는 HIGH 값에 의해 발생합니다. LED의 소등은 LED 핀을 통해 나오는 LOW 값에 의해 발생합니다. 즉, LED 핀으로는 위 그림과 같이 HIGH값과 LOW 값이 1초 주기로 나오게 되며, 이 값들에 의해 LED는 점멸을 반복하게 됩니다. 그리고 이 경우 여러분은 LED가 점멸 하는 것을 느낄 수 있습니다.

※ Hz : 같은 동작이 1초에 1 번씩 반복될 때 우리는 1Hz로 동작한다고 합니다. 같은 동작이 1초에 2 번씩 반복될 때 우리는 2Hz 로 동작한다고 합니다.

빨리 눈뜨고 감기 : LED 켜고 끄기 간격 줄여보기

여기서는 digitalWrite 함수를 이용하여 아래와 같은 사각 파형에 대한 주파수와 상하비의 개념을
이해해 보도록 합니다.

주파수란 1초간 반복되는 사각 파형의 개수를 의미하며, 상하 비란 사각 파형의 HIGH 값과 LOW
값의 비를 의미합니다. 이제 LED의 점멸 간격을 줄여보도록 합니다. 그러면 여러분은 좀 더 조밀하
게 LED가 점멸하는 것을 느낄 것입니다.

■ 다음과 같이 이전 예제를 수정합니다.

```
255.ino

01      const int LED =2;
02
03      void setup() {
04              pinMode(LED, OUTPUT);
05      }
06
07      void loop() {
08              digitalWrite(LED, HIGH);
09              delay(50);
10              digitalWrite(LED, LOW);
11              delay(50);
12      }
```

09, 11 : 500을 50으로 변경합니다.

② 컴파일과 업로드를 수행합니다.

③ LED의 동작을 확인합니다.

이 예제의 경우 LED는 초당 10번 점멸하게 됩니다. 즉, 10Hz의 주파수로 점멸하게 됩니다.

 그림과 같은 파형이 초당 10개가 생성됩니다. 이 경우에도 여러분은 반복적으로 LED가 점멸하는 것을 느낄 것입니다. 그러나 그 간격은 더 조밀하게 느껴질 것입니다.

눈을 떴을까 감았을까? : LED 켜고 끄기를 밝기로 느껴보기

LED의 점멸 간격을 더 줄여보도록 합니다. 여기서 여러분은 LED의 점멸을 느끼지 못하게 될 것입니다. 오히려 LED가 일정한 밝기로 켜져 있다고 느낄 것입니다.

■1 다음과 같이 예제를 수정합니다.

```
256.ino
01      const int LED =2;
02
03      void setup() {
04              pinMode(LED, OUTPUT);
05      }
06
07      void loop() {
08              digitalWrite(LED, HIGH);
09              delay(5);
10              digitalWrite(LED, LOW);
11              delay(5);
12      }
```

09, 11 : 50을 5로 변경합니다.

■2 컴파일과 업로드를 수행합니다.

■3 LED의 동작을 확인합니다.

이 예제의 경우 LED는 초당 100번 점멸 하게 됩니다. 즉, 100Hz의 주파수로 점멸하게 됩니다.

그림과 같은 파형이 초당 100개가 생성됩니다. 이제 여러분은 LED가 점멸하는 것을 느끼지 못할 것입니다. 오히려 LED가 일정하게 켜져 있다고 느낄 것입니다.

일반적으로 이러한 파형이 초당 50개 이상이 되면, 즉, 50Hz 이상의 주파수로 LED 점멸을 반복하면 우리는 그것을 느끼기 어렵습니다.

LED 어둡게 하기

이제 delay 함수를 조절하여 LED의 밝기를 어둡게 해 봅니다. 이전 예제의 경우 LED는 100Hz의 속도로 50%는 점등을, 50%는 소등을 반복하였습니다. 그리고 이 경우 우리는 LED의 밝기를 평균값인 50%의 밝기로 느꼈습니다. 만약 LED에 대해 10%는 점등을, 90%는 소등을 반복한다면 우리는 LED의 밝기를 어떻게 느낄까요? 평균 10%의 밝기로 느끼게 되지 않을까요? 예제를 통해 확인해 보도록 합니다.

1 다음과 같이 예제를 수정합니다.

```
257.ino
01    const int LED =2;
02
03    void setup() {
04            pinMode(LED, OUTPUT);
05    }
06
07    void loop() {
08            digitalWrite(LED, HIGH);
09            delay(1);
10            digitalWrite(LED, LOW);
11            delay(9);
12    }
```

09 : 5를 1로 변경합니다.
11 : 5를 9로 변경합니다.

2 컴파일과 업로드를 수행합니다.

3 LED의 동작을 확인합니다.

이 예제의 경우도 LED는 초당 100번 점멸 하게 됩니다. 즉, 100Hz의 주파수로 점멸하게 됩니다. 그러나 10%는 점등 상태로, 90%는 소등 상태로 있게 됩니다. 그래서 우리는 LED의 밝기가 이전 예제보다 낮다고 느끼게 됩니다.

그림에서 LED는 실제로 10%만 점등 상태이지만 100Hz의 주파수로 점멸하기 때문에 우리는 10%의 평균 밝기로 느끼게 됩니다. 10%는 HIGH 값에 의해 켜져 있고 90%는 LOW 값에 의해 꺼져있으며, 이 경우 (HIGH:LOW)=(1:9)가 되게 됩니다. 즉, 상하비가 1:9가 됩니다.

LED 밝게 하기

이제 반대로 LED의 밝기를 밝게 해 봅니다.

1 다음과 같이 예제를 수정합니다.

```
258.ino
01    const int LED =2;
02
03    void setup() {
04         pinMode(LED, OUTPUT);
05    }
06
07    void loop() {
08         digitalWrite(LED, HIGH);
09         delay(9);
10         digitalWrite(LED, LOW);
11         delay(1);
12    }
```

09 : 1를 9로 변경합니다.
11 : 9를 1로 변경합니다.

2 컴파일과 업로드를 수행합니다.

3 LED의 동작을 확인합니다.

이 예제의 경우도 LED는 초당 100번 점멸 하게 됩니다. 즉, 100Hz의 주파수로 점멸하게 됩니다. 그러나 90%는 점등 상태로, 10%는 소등 상태로 있게 됩니다. 그래서 우리는 LED가 이전 예제에 비해 아주 밝다고 느끼게 됩니다.

그림에서 LED는 실제로 90%만 점등 상태이지만 100Hz의 주파수로 점멸하기 때문에 우리는 90%의 평균 밝기로 느끼게 됩니다. 90%는 HIGH 값에 의해 켜져 있고 10%는 LOW 값에 의해 꺼져 있으며, 이 경우 (HIGH:LOW)=(9:1)이 되게 됩니다. 즉, 상하비가 9:1이 됩니다.
상하비가 8:2가 되면 우리는 LED가 80%의 밝기로 켜져 있다고 느끼게 됩니다. 9:1에 해당되는 부분을 차례대로 다음과 같이 바꾸어 볼 수 있습니다.

```
0:10, 1:9, 2:8, 3:7 ... 10:0
```

우리는 HIGH와 LOW의 상하 비에 따라 LED의 밝기를 조절할 수 있습니다.

LED 밝기 조절해 보기

여기서는 1초 간격으로 다음의 상하비로 LED의 밝기를 조절해 보도록 합니다.

```
0:10, 1:9, 2:8, 3:7 ... 10:0
```

즉, HIGH의 개수는 0부터 10까지 차례로 늘어나며, 반대로 LOW의 개수는 10부터 0까지 차례로 줄게 됩니다.

0.01초 간격으로 LED 밝기 11 단계 조절해보기

먼저 0.01초 간격으로 LED의 밝기를 11단계로 조절해 봅니다.

1 다음과 같이 예제를 수정합니다.

```
259.ino
01      const int LED =2;
02
03      void setup() {
04              pinMode(LED, OUTPUT);
05      }
06
07      void loop() {
08              for(int t_high =0;t_high <=10;t_high ++) {
09                      digitalWrite(LED, HIGH);
10                      delay(t_high);
11                      digitalWrite(LED, LOW);
12                      delay(10 -t_high);
13              }
14      }
```

08 : t_high 변수를 0부터 10까지 1씩 증가시켜가면서, 중괄호 안쪽(8줄~13줄)의 동작을 수행합니다. for 문에 대해서는 바로 뒤에서 살펴봅니다.

09, 10 : LED를 켜고 t_high 시간만큼 기다립니다.

11, 12 : LED를 끄고 (10−t_high) 시간만큼 기다립니다.

10, 12 : t_high + (10 − t_high) = 10이 되어 for문을 한 번 도는 데는 10밀리 초 정도가 되며 for문 전체를 도는 데는 110밀리 초 정도가 됩니다.

2 컴파일과 업로드를 수행합니다.

3 LED의 동작을 확인합니다.

10밀리 초 간격으로 다음의 비율로 LED가 밝아집니다.

0%, 10% 20%, 30%, … 100%

아래와 같은 형태의 파형이 반복되면서 LED의 밝기가 변합니다.

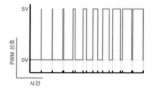

이 예제의 경우 밝기의 변화가 너무 빨라 밝기가 변하는 것을 느끼기 힘듭니다. 깜빡임으로 느낄 수 있습니다.

0.1초 간격으로 LED 밝기 11단계 조절해보기

다음은 0.1초 간격으로 LED의 밝기를 11단계로 조절해 봅니다.

4 다음과 같이 예제를 수정합니다.

```
259_2.ino
01    const int LED =2;
02
03    void setup() {
04            pinMode(LED, OUTPUT);
05    }
06
07    void loop() {
08            for(int t_high =0;t_high <=10;t_high ++) {
09                    int cnt =0;
10                    while(true) {
11                            digitalWrite(LED, HIGH);
12                            delay(t_high);
13                            digitalWrite(LED, LOW);
14                            delay(10 -t_high);
15
16                            cnt ++;
17                            if(cnt ==10) break;
18                    }
19            }
20    }
```

08 : for 문을 사용하여 t_high 변수 값을 0부터 10까지 주기적으로 변경하고 있습니다. t_high 변수 값은 16, 18 번째 줄에서 사용되며, LED을 통해 HIGH, LOW 값이 나가는 시간 값을 가집니다.

10 : 조건이 없는 while 문을 수행합니다. while 문을 나오는 조건은 21 번째 줄에 있으며, 1초 간격으로 나오게 됩니다.

09 : cnt 변수 생성 후, 0으로 초기화합니다.

16 : cnt 변수를 하나씩 증가시킵니다.

17 : cnt 변수가 10이 되면 break 문을 수행하여 while 문을 벗어납니다.

08 : cnt 변수를 선언한 후, 0으로 초기화합니다.

09 : 무한루프를 돌면서

15 : cnt 값을 하나씩 증가시킵니다.

16 : cnt 값이 10이 되면 내부 while 문을 나옵니다.

이렇게 하면 09~17줄을 cnt값이 0에서 9까지 10회 반복하게됩니다. 그러면 0.001*t_high 값을 유지하는 시간을 10밀리초(0.01초)에서 100밀리초(0.1초)로 늘릴 수 있습니다. for 문을 수행하는 시간도 110밀리초 (0.11초)에서 1100밀리초(1.1초)로 늘릴 수 있으며, 우리는 LED 밝기의 변화를 느낄 수 있습니다.

5 컴파일과 업로드를 수행합니다.

6 LED의 동작을 확인합니다.

1.1 초 주기로 다음의 비율로 LED가 밝아집니다.

0%, 10% 20%, 30%, ... 100%		

digitalWrite 함수로 모터 회전 정지 반복해 보기

여기서는 digitalWrite 함수를 이용하여 모터를 돌렸다 멈췄다를 반복해 봅니다.

주의! 여기서 수행할 예제들의 경우엔 ESP32 아두이노 드론 기준으로 작성되었습니다. ESP32 아두 이노 드론이 아닌 경우에는 수행하지 않도록 합니다. 모터의 용량에 따라 전선이 타는 경우도 있으 니 주의하도록 합니다.

주의! 모터가 돌면 위험하니 독자 여러분이나 주변 사람들이 다치지 않도록 주의합니다.

여기서는 19 번 모터의 속도를 조절해 보도록 합니다. 본 책에서 다루고 있는 ESP32 아두이노 드론의 모터는 다음과 같이 핀 배치가 되어 있습니다.

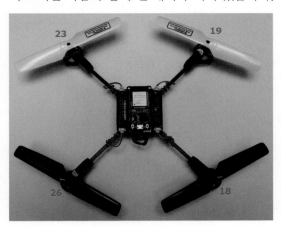

☑ 다음과 같이 예제를 작성합니다.

```
2510.ino

01    const int fan_pin =19;
02
03    void setup() {
04            pinMode(fan_pin, OUTPUT);
05    }
06
07    unsigned int howMany =5;
08    void loop() {
09            if(howMany >0) {
10                    howMany --;
11
12                    digitalWrite(fan_pin, HIGH);
13                    delay(100);
14                    digitalWrite(fan_pin, LOW);
15                    delay(900);
16            }
17    }
```

01 : fan_pin 상수에 19 번 모터 핀을 할당하고 있습니다.
04 : pinMode 함수를 이용하여 fan_pin을 출력으로 설정하고 있습니다. pinMode 함수는 digitalWrite 함수나 digitalRead 함수를 이용하여 HIGH, LOW 값을 쓰거나 읽고자 할 때 사용하는 함수입니다.
07 : howMany 변수를 선언한 후, 5로 초기화합니다. howMany 변수는 9, 10줄에서 사용하여 9~16줄의 수행 횟수를 결정합니다.
09 : howMany 변수 값이 0보다 크면
10 : howMany 변수 값을 1 감소시킵니다.

12 : digitalWrite 함수를 이용하여 fan_pin에 HIGH 값을 쓰고 있습니다. 그러면 19 번 모터는 최고 속도로 돌게 됩니다.
13 : 0.1초간 지연을 줍니다.
14 : digitalWrite 함수를 이용하여 fan_pin에 LOW 값을 쓰고 있습니다. 그러면 19 번 모터는 멈추게 됩니다.
15 : 0.9초간 지연을 줍니다.

2 [툴] 메뉴를 이용하여 보드, 포트를 다음과 같이 선택합니다.

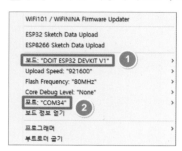

3 드론의 전원을 끕니다.

4 컴파일과 업로드를 수행합니다.

5 19 번 핀에 연결된 프로펠러가 회전 시 손에
닿지 않도록 드론을 주의해서 잡은 후, 전원을
켭니다.

1초 주기로 모터가 돌았다 멈추었다 하는 것을 확인합니다. 즉, 1Hz의 주파수로 모터가 회전하고 정지하는 확인합니다.

모터의 회전은 19번 핀을 통해 나오는 HIGH 값에 의해 발생합니다. 모터의 정지는 19번 핀을 통해 나오는 LOW 값에 의해 발생합니다. 즉, 19번 핀으로는 위 그림과 같이 HIGH값과 LOW 값이 1초 주기로 나오게 되며, 이 값들에 의해 모터는 회전과 정지를 반복하게 됩니다. 그리고 이 경우 여러분은 모터가 돌았다 멈추었다 하는 것을 느낄 수 있습니다.

※ 모터를 재구동하고 싶다면 다음에 표시된 [EN] 버튼을 눌러 재부팅을 수행합니다.

모터 회전 정지 간격 줄여보기

이제 모터의 회전 정지 간격을 줄여보도록 합니다. 그러면 여러분은 좀 더 조밀하게 모터가 돌다 멈추는 것을 느낄 것입니다.

1 이전 예제를 다음과 같이 수정합니다.

```
2510_2.ino
01     const int fan_pin =19;
02
03     void setup() {
04             pinMode(fan_pin, OUTPUT);
05     }
06
07     unsigned int howMany =50;
08     void loop() {
09             if(howMany >0) {
10                     howMany --;
11
```

```
12                    digitalWrite(fan_pin, HIGH);
13                    delay(10);
14                    digitalWrite(fan_pin, LOW);
15                    delay(90);
16            }
17      }
```

07 : howMany 변수 값을 50으로 변경합니다.
13 : 100을 10으로 변경합니다.
15 : 900을 90으로 변경합니다.

2 컴파일과 업로드를 수행합니다.

※ 업로드가 안 될 경우 USB 단자를 다시 연결해 줍니다.

이 예제의 경우 모터는 초당 10번 돌았다 멈추었다 하게 됩니다. 즉, 10Hz의 주파수로 돌게 됩니다.

그림과 같은 파형이 초당 10개가 생성됩니다. 이 경우에도 여러분은 반복적으로 모터가 돌다 멈추는 것을 느낄 것입니다. 그러나 그 간격은 더 조밀하게 느껴질 것입니다.

반복적인 모터 회전 정지를 일정한 회전으로 느껴보기

모터의 회전 정지 간격을 더 줄여보도록 합니다. 여기서 여러분은 모터의 회전 정지를 느끼지 못하게 될 것입니다. 오히려 모터가 일정하게 회전하고 있다고 느낄 것입니다.

1 이전 예제를 다음과 같이 수정합니다.

```
2510_3.ino

01      const int fan_pin =19;
02
03      void setup() {
04              pinMode(fan_pin, OUTPUT);
05      }
06
07      unsigned int howMany =500;
08      void loop() {
09              if(howMany >0) {
```

```
10                    howMany --;
11
12                    digitalWrite(fan_pin, HIGH);
13                    delay(1);
14                    digitalWrite(fan_pin, LOW);
15                    delay(9);
16              }
17       }
```

07 : howMany 변수 값을 500으로 변경합니다.
13 : 10을 1로 변경합니다.
15 : 90을 9로 변경합니다.

2 컴파일과 업로드를 수행합니다.

이 예제의 경우 모터는 초당 100번 돌았다 멈추었다 하게 됩니다. 즉, 100Hz의 주파수로 돌게 됩니다.

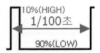

그림과 같은 파형이 초당 100개가 생성됩니다. 이제 여러분은 모터가 돌다 멈추는 것을 느끼지 못할 것입니다. 오히려 모터가 일정한 속도로 회전한다고 느낄 것입니다.

일반적으로 이러한 파형이 초당 50개 이상이 되면, 즉, 50Hz 이상의 주파수로 모터가 돌고 멈추고를 반복하면 우리는 그것을 느끼기 어렵습니다.

06 _ 모터 속도 조절 : ledcWrite

이전 예제에서 우리는 100Hz의 속도로 1:9의 상하비로 모터를 돌려 보았습니다. 19 번 핀에 ledcWrite 함수를 사용할 경우 더 조밀한 상하비로 모터의 속도를 조절할 수 있습니다. 예를 들어, 0~1023 사이의 HIGH 값으로 모터의 속도를 조절할 수 있습니다.

ESP32의 경우 analogWrite 함수 대신에 ledcWrite 함수를 지원합니다. ledcWrite 함수는 사각파형에 대한 세밀한 제어 기능을 제공합니다.

ESP32의 경우 ledcWrite 함수는 모든 핀에 대해 아래와 같은 형태의 사각 파형을 내보내며, 특히 상하비를 결정하는 역할을 합니다. 상하비는 한 주기당 3V 비율을 의미합니다.

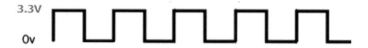

다음 그림은 ESP32 내부의 LED PWM Controller 모듈입니다.

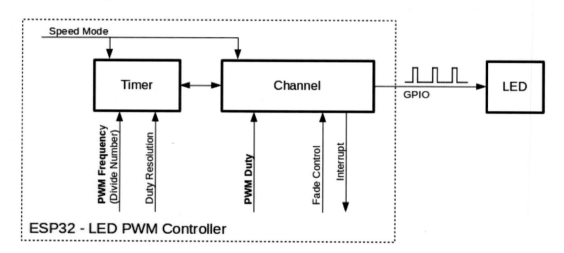

ledcWrite 함수는 내부 LED PWM Controller 모듈에 명령을 주어 해당 핀으로 일정한 모양의 사각 파형을 내보내게 합니다. LED PWM Controller 모듈은 새로운 ledcWrite 명령을 받을 때까지 해당 핀으로 똑같은 사각 파형을 내보냅니다.

다음 그림에서 물결 표시된 핀은 사각 파형을 내보낼 수 있는 핀입니다.

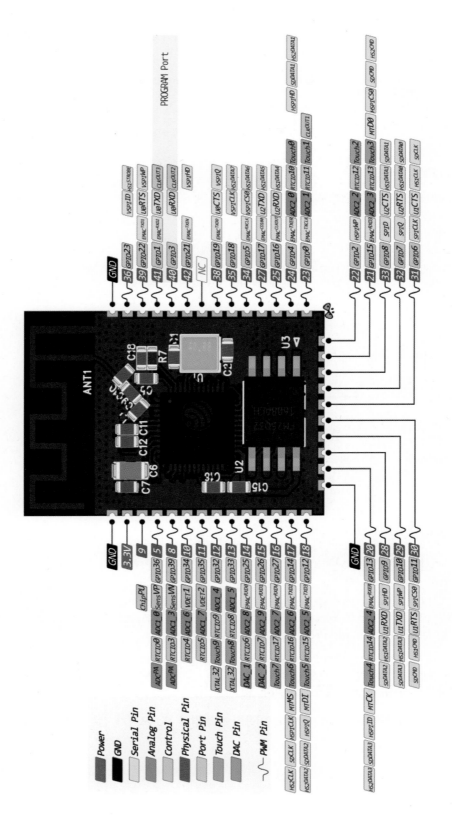

ESP32 PINOUT

여러분은 아두이노 스케치를 통해 LED의 밝기를 조절하거나 모터의 속도를 조절할 때 다음 세 함수를 사용하게 됩니다.

```
ledcAttachPin(pin, channel)
ledcSetup(channel, frequency, resolution)
ledcWrite(channel, dutycycle)
```

ledcAttachPin

ledcAttachPin이란 특정 핀으로 사각파형을 내보낼 채널을 연결하는 명령어입니다.

```
ledcAttachPin(pin, channel);
                ❶     ❷
```

❶ 제어하고자 하는 핀 번호입니다. 정수형을 씁니다.
❷ 사각 파형을 내보낼 채널 번호입니다. 0~15 사이의 값을 쓸 수 있습니다. 정수형을 씁니다.

ledcSetup

ledcSetup이란 특정 채널에 주파수, 듀티 사이클 정밀도를 설정하는 명령어입니다.

```
ledcSetup(channel, frequency, resolution);
           ❶          ❷           ❸
```

❶ 사각 파형을 내보낼 채널 번호입니다. 정수형을 씁니다.
❷ 사각 파형의 주파수입니다. 정수형을 씁니다.
❸ 사각 파형의 듀티사이클의 정밀도입니다. 예를 들어, resolution 값이 10 이면 듀티사이클 값은 0~1023사이의 값을 갖습니다.

ledcWrite

ledcWrite란 특정 채널에 듀티사이클을 적용하는 명령어입니다.

```
ledWrite(channel, dutycyle);
          ❶          ❷
```

❶ 사각 파형을 내보낼 채널 번호입니다. 0~15 사이의 값을 쓸 수 있습니다. 정수형을 씁니다.
❷ 듀티 사이클 값입니다. ledcSetup 함수에서 설정한 해상도 인자에 따라 결정됩니다. 예를 들어, resolution 값이 10 이면 듀티사이클 값은 0~1023사이의 값을 갖습니다.

ledcWrite 함수로 모터 속도 조절해 보기

여기서는 이전 예제를 ledcWrite 함수를 이용하여 변경한 후, 모터가 같은 형태로 동작하도록 해 봅니다.

1 이전 예제를 다음과 같이 수정합니다.

```
261.ino
01      const int fan_pin =19;
02      const int fan_channel =1;
03      const int fan_freq =5000;
04      const int fan_resolution =10;
05
06      void setup() {
07              ledcAttachPin(fan_pin, fan_channel);
08              ledcSetup(fan_channel, fan_freq, fan_resolution);
09
10              ledcWrite(fan_channel, 100);
11
12              delay(5000);
13
14              ledcWrite(fan_channel, 0);
15      }
16
17      void loop() {
18
19      }
```

01 : fan_pin 정수 상수를 선언한 후, 19로 설정합니다.
02 : fan_channel 정수 상수를 선언한 후, 1로 설정합니다.
03 : fan_freq 정수 상수를 선언한 후, 5000으로 설정합니다.
04 : fan_resolution 정수 상수를 선언한 후, 10으로 설정합니다.
07 : ledcAttachPin 함수를 호출하여 핀에 채널을 연결합니다.
08 : ledcSetup 함수를 호출하여 fan_channel에 주파수와 듀티 사이클 해상도를 설정합니다.
10 : ledcWrite 함수를 호출하여 fan_channel에 100의 HIGH 값을 줍니다. 이렇게 하면 10%의 속도로 모터가 회전합니다.
12 : 5초간 지연을 줍니다.
14 : ledcWrite 함수를 호출하여 fan_channel에 0의 HIGH 값을 줍니다. 이렇게 하면 모터의 회전이 멈춥니다.

2 컴파일과 업로드를 수행합니다.

약 10%의 속도로 모터가 회전하는 것을 확인합니다.

ledcWrite 함수로 모터 회전 정지 반복해 보기

먼저 ledWrite 함수로 모터를 돌렸다 멈췄다를 반복해 봅니다.

1 다음과 같이 예제를 작성합니다.

```
262.ino
01    const int fan_pin =19;
02    const int fan_channel =1;
03    const int fan_freq =1;
04    const int fan_resolution =10;
05
06    void setup() {
07            ledcAttachPin(fan_pin, fan_channel);
08            ledcSetup(fan_channel, fan_freq, fan_resolution);
09
10            ledcWrite(fan_channel, 100);
11
12            delay(5000);
13
14            ledcWrite(fan_channel, 0);
15    }
16
17    void loop() {
18
19    }
```

03 : fan_freq 정수 상수 값을 1로 설정하여 주파수를 1로 맞추어 주고 있습니다.

2 컴파일과 업로드를 수행합니다.

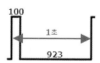

1초 주기로 모터가 돌았다 멈추었다 하는 것을 확인합니다. 즉, 1Hz의 주파수로 모터가 회전하고 정지하는 확인합니다.

모터 회전 정지 간격 줄여보기

이제 모터의 회전 정지 간격을 줄여보도록 합니다. 그러면 여러분은 좀 더 조밀하게 모터가 돌다 멈추는 것을 느낄 것입니다.

1 이전 예제를 다음과 같이 수정합니다.

```
262_2.ino
01      const int fan_pin =19;
02      const int fan_channel =1;
03      const int fan_freq =10;
04      const int fan_resolution =10;
05
06      void setup() {
07              ledcAttachPin(fan_pin, fan_channel);
08              ledcSetup(fan_channel, fan_freq, fan_resolution);
09
10              ledcWrite(fan_channel, 100);
11
12              delay(5000);
13
14              ledcWrite(fan_channel, 0);
15      }
16
17      void loop() {
18
19      }
```

03 : fan_freq 정수 상수 값을 10으로 설정하여 주파수를 10으로 맞추어 주고 있습니다. 이 경우 주파수는 10Hz가 됩니다.

2 컴파일과 업로드를 수행합니다.

※ 업로드가 수행이 안 될 경우, ESP32를 분리한 후, 업로드를 수행해 봅니다.

이 예제의 경우 모터는 초당 10번 돌았다 멈추었다 하게 됩니다. 즉, 10Hz의 주파수로 돌게 됩니다.

반복적인 모터 회전 정지를 일정한 회전으로 느껴보기

모터의 회전 정지 간격을 더 줄여보도록 합니다. 여기서 여러분은 모터의 회전 정지를 느끼지 못하게 될 것입니다. 오히려 모터가 일정하게 회전하고 있다고 느낄 것입니다.

1 이전 예제를 다음과 같이 수정합니다.

```
262_3.ino
01    const int fan_pin =19;
02    const int fan_channel =1;
03    const int fan_freq =100;
04    const int fan_resolution =10;
05
06    void setup() {
07            ledcAttachPin(fan_pin, fan_channel);
08            ledcSetup(fan_channel, fan_freq, fan_resolution);
09
10            ledcWrite(fan_channel, 100);
11
12            delay(5000);
13
14            ledcWrite(fan_channel, 0);
15    }
16
17    void loop() {
18
19    }
```

03 : fan_freq 정수 상수 값을 100으로 설정하여 주파수를 100으로 맞추어 주고 있습니다. 이 경우 주파수는 100Hz가 됩니다.

2 컴파일과 업로드를 수행합니다.

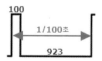

이 예제의 경우 모터는 초당 100번 돌았다 멈추었다 하게 됩니다. 즉, 100Hz의 주파수로 돌게 됩니다.

그림과 같은 파형이 초당 100개가 생성됩니다. 이제 여러분은 모터가 돌다 멈추는 것을 느끼지 못할 것입니다. 오히려 모터가 일정한 속도로 회전한다고 느낄 것입니다.

모터 회전 부드럽게 만들기

주파수를 늘리면 모터의 회전이 더 부드러워집니다. 여기서는 주파수를 늘려 모터 회전을 좀 더 부드럽게 만들어 봅니다.

1 이전 예제를 다음과 같이 수정합니다.

```
262_4.ino
01      const int fan_pin =19;
02      const int fan_channel =1;
03      const int fan_freq =1000;
04      const int fan_resolution =10;
05
06      void setup() {
07              ledcAttachPin(fan_pin, fan_channel);
08              ledcSetup(fan_channel, fan_freq, fan_resolution);
09
10              ledcWrite(fan_channel, 100);
11
12              delay(5000);
13
14              ledcWrite(fan_channel, 0);
15      }
16
17      void loop() {
18
19      }
```

03 : fan_freq 정수 상수 값을 1000으로 설정하여 주파수를 1000으로 맞추어 주고 있습니다. 이 경우 주파수는 1000Hz가 됩니다.

2 컴파일과 업로드를 수행합니다.

이 예제의 경우 모터는 초당 1000번 돌았다 멈추었다 하게 됩니다. 즉, 1000Hz의 주파수로 돌게 됩니다.

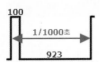

모터의 회전이 훨씬 부드러운 것을 느낄 수 있습니다.

모터 멜로디 조절해 보기

다음은 소리에 따른 주파수 표를 나타냅니다. 예를 들어 4 옥타브에서 도 음에 대한 주파수는 262 Hz가 됩니다. 즉, 1초에 262 개의 사각 파형을 만들어 내면 도 음이 나게 됩니다. 레는 294 Hz, 미는 330 Hz, 파는 349 Hz, 솔은 392 Hz, 라는 440 Hz, 시는 494 Hz, 5 옥타브의 도는 523 Hz가 됩니다.

Octave → Note ↓	Frequency in hertz (semitones above or below middle C)										
	0	1	2	3	4	5	6	7	8	9	10
C	16.352 (−48)	32.703 (−36)	65.406 (−24)	130.81 (−12)	261.63 (±0)	523.25 (+12)	1046.5 (+24)	2093.0 (+36)	4186.0 (+48)	8372.0 (+60)	16744.0 (+72)
C#/Db	17.324 (−47)	34.648 (−35)	69.296 (−23)	138.59 (−11)	277.18 (+1)	554.37 (+13)	1108.7 (+25)	2217.5 (+37)	4434.9 (+49)	8869.8 (+61)	17739.7 (+73)
D	18.354 (−46)	36.708 (−34)	73.416 (−22)	146.83 (−10)	293.66 (+2)	587.33 (+14)	1174.7 (+26)	2349.3 (+38)	4698.6 (+50)	9397.3 (+62)	18794.5 (+74)
Eb/D#	19.445 (−45)	38.891 (−33)	77.782 (−21)	155.56 (−9)	311.13 (+3)	622.25 (+15)	1244.5 (+27)	2489.0 (+39)	4978.0 (+51)	9956.1 (+63)	19912.1 (+75)
E	20.602 (−44)	41.203 (−32)	82.407 (−20)	164.81 (−8)	329.63 (+4)	659.26 (+16)	1318.5 (+28)	2637.0 (+40)	5274.0 (+52)	10548.1 (+64)	21096.2 (+76)
F	21.827 (−43)	43.654 (−31)	87.307 (−19)	174.61 (−7)	349.23 (+5)	698.46 (+17)	1396.9 (+29)	2793.8 (+41)	5587.7 (+53)	11175.3 (+65)	22350.6 (+77)
F#/Gb	23.125 (−42)	46.249 (−30)	92.499 (−18)	185.00 (−6)	369.99 (+6)	739.99 (+18)	1480.0 (+30)	2960.0 (+42)	5919.9 (+54)	11839.8 (+66)	23679.6 (+78)
G	24.500 (−41)	48.999 (−29)	97.999 (−17)	196.00 (−5)	392.00 (+7)	783.99 (+19)	1568.0 (+31)	3136.0 (+43)	6271.9 (+55)	12543.9 (+67)	25087.7 (+79)
Ab/G#	25.957 (−40)	51.913 (−28)	103.83 (−16)	207.65 (−4)	415.30 (+8)	830.61 (+20)	1661.2 (+32)	3322.4 (+44)	6644.9 (+56)	13289.8 (+68)	26579.5 (+80)
A	27.500 (−39)	55.000 (−27)	110.00 (−15)	220.00 (−3)	440.00 (+9)	880.00 (+21)	1760.0 (+33)	3520.0 (+45)	7040.0 (+57)	14080.0 (+69)	28160.0 (+81)
Bb/A#	29.135 (−38)	58.270 (−26)	116.54 (−14)	233.08 (−2)	466.16 (+10)	932.33 (+22)	1864.7 (+34)	3729.3 (+46)	7458.6 (+58)	14917.2 (+70)	29834.5 (+82)
B	30.868 (−37)	61.735 (−25)	123.47 (−13)	246.94 (−1)	493.88 (+11)	987.77 (+23)	1975.5 (+35)	3951.1 (+47)	7902.1 (+59)	15804.3 (+71)	31608.5 (+83)

여기서는 모터를 이용하여 멜로디를 생성해 보도록 하겠습니다. 드론의 19번 모터를 이용해 멜로디를 생성해 보도록 합니다.

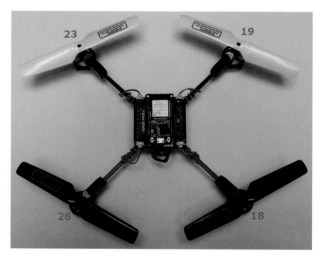

1 다음과 같이 예제를 작성합니다.

```
263.ino
01    const int fan_pin =19;
02    const int fan_channel =1;
03    const int fan_resolution =10;
04
05    const int melody[] = {
```

```
06              262, 294, 330, 349, 393, 440, 494, 523,
07      };
08
09      void setup() {
10              ledcAttachPin(fan_pin, fan_channel);
11
12              for(int note =0;note <8;note ++) {
13                      ledcSetup(fan_channel, melody[note], fan_resolution);
14                      ledcWrite(fan_channel, 10);
15
16                      delay(500);
17              }
18
19              ledcWrite(fan_channel, 0);
20      }
21
22      void loop() {
23
24      }
```

05~07 : 4 옥타브의 도, 레, 미, 파, 솔, 라, 시, 도에 해당하는 주파수를 값으로 갖는 melody 배열 상수를 선언합니다.

10 : ledcAttachPin 함수를 호출하여 핀에 채널을 연결합니다.

13 : ledcSetup 함수를 호출하여 fan_channel에 주파수와 듀티 사이클 해상도를 설정합니다.

14 : ledcWrite 함수를 호출하여 fan_channel에 10의 HIGH 값을 줍니다. 이렇게 하면 모터는 거의 회전하지 않으면서, 소리만 납니다.

16 : 0.5 초간 기다립니다.

2 컴파일과 업로드를 수행합니다.

드론의 전원을 켠 후, 19 번 모터에서 나는 멜로디를 확인합니다.

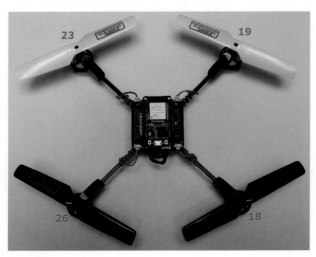

07 _ 드론 모터의 이해와 테스트

여기서는 드론 모터를 살펴보고 모터 테스트 프로그램을 작성해봅니다. 또 사용자로부터 입력을 받아 모터의 속도를 조절해 봅니다.

드론 모터의 구조 이해

▲ 드론용 모터   ▲ BLDC 모터 내부 구조   ▲ BLDC 모터 전면   ▲ BLDC 모터 후면

일반적으로 드론용 모터로는 BLDC 모터가 사용됩니다. BLDC(BrushLess DC) 모터는 DC 모터의 일종으로 브러시 없는(Brushless) 모터입니다.

일반 DC 모터의 구조

브러시가 있는 일반 DC 모터는 다음과 같은 모양입니다.

일반 DC 모터는 모터를 구동시키기 위해 다음과 같은 형태의 브러시가 사용됩니다.

이 브러시는 다음과 같은 형태로 정류자(commutator)를 통해 코일과 연결됩니다.

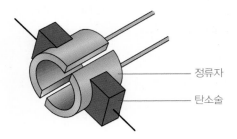

정류자

탄소솔

즉, 다음 그림과 같이 전지로부터의 전류가 카본 브러시와 정류자를 통해 코일로 전류가 흐르면서 회전을 하게 됩니다.

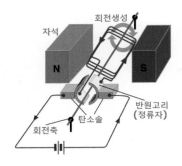

이 과정에서 브러시와 정류자 간에 마찰과 열이 발생하게 됩니다. 그래서 브러시가 있는 일반 DC모터는 이러한 마찰과 열에 의해 모터 효율이 60% 내외가 됩니다. 또 브러시의 마모에 의해 모터의 수명도 짧아지게 됩니다.

BLDC 모터의 구조
위와 같은 단점을 극복하기 위해 BLDC 모터는 브러시를 사용하지 않습니다.
BLDC 모터는 다음과 같은 구조입니다.

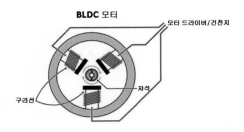

BLDC 모터는 축을 돌리기 위해 코일과 자석이 사용된다는 점에서는 일반 DC 모터와 같습니다. 그러나 BLDC 모터는 회전축에 연결되어 코일 내의 전원의 방향을 바꾸는 역할을 하는 브러시가 없습

니다. 대신에 BLDC 모터는 모터의 내부 주변에 코일이 원통에 고정되어 있습니다. 중앙에는 회전축에 붙어있는 원통이 있고, 이 원통에 자석이 붙어있는 구조입니다. BLDC 모터는 BLDC 용 모터 컨트롤러로 구동하여야 하지만, 수명이 길고 마찰이 적어 우주 항공 분야, 의료 분야, 반도체, 측정기, 로봇 등 정밀제어분야에 주로 사용됩니다. BLDC 모터는 효율이 80% 이상입니다.

BLDC 모터에 대한 자세한 내용은 이 책에서는 다루지 않습니다. 본 책에서는 안전 문제 상 BLDC 모터를 사용하지 않고 Coreless 모터를 사용합니다.

CLDC 모터의 구조

Coreless 모터는 다음과 같은 모양의 소형 모터입니다.

▲ Coreless 모터   ▲ Coreless 모터

Coreless 모터의 내부 구조는 다음과 같습니다.

▲ Coreless 모터의 내부 구조

Coreless 모터는 브러시를 사용하는 DC 모터의 한 종류이지만 구리선이 감겨있는 철심(Wire contacts)이 없습니다. 즉, 일반 DC 모터의 내부에 코일은 다음과 같이 철심에 감겨져 있습니다.

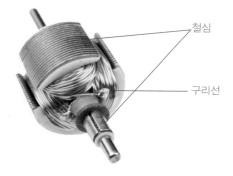

철심

구리선

구리선을 벗겨낸 철심의 모양은 다음과 같습니다.

Coreless 모터는 모터 내부에 철심이 없기 때문에 더 가볍고 작게 만들 수 있습니다. Coreless 모터는 주로 의료 기기, 우주 항공, 자동차, 해저 탐사용 로봇들에 사용됩니다. Coreless 모터의 효율은 보통 70~80%입니다.

드론 모터 회로 살펴보기

본 책에서 다루고 있는 ESP32 드론 모터는 ESP32의 23, 19, 18, 26 번 핀에 연결되어 있습니다.

다음과 같이 23, 18 번 핀에 연결된 모터는 시계 방향, 19, 26 번 핀에 연결된 모터는 반시계 방향으로 돌게 됩니다.

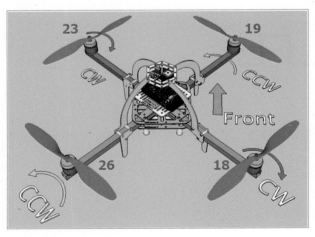

아두이노의 모터를 제어하는 핀은 모터와 직접 연결되지 않습니다. 일반적으로 모터를 제어하기 위해서는 모터 회로가 필요합니다. 본 책에서 다루는 드론의 경우는 다음과 같은 형태의 모터 회로를 가지고 있습니다.

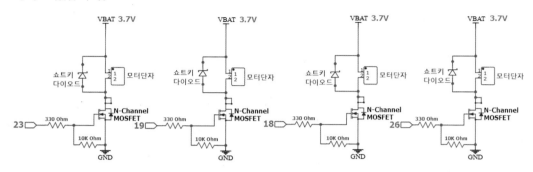

모터 제어 핀은 23, 19, 18, 26을 통해 MOSFET을 통해 모터에 연결됩니다. MOSFET은 트랜지스터의 일종으로 전자 스위치입니다. 그림에서 23, 19, 18, 26 핀을 통해 ESP32에서 HIGH 값을 주면 모터 회로가 연결되어 모터가 회전하며, LOW 값을 주면 모터 회로가 끊기며 모터가 멈추게 됩니다. 이 책에서 사용하는 드론 모터 드라이버는 9926A로 모양은 다음과 같습니다.

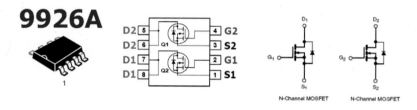

모터 제어 프로그램 작성하기

여기서는 ESP32의 ledcWrite 함수를 이용하여 4개의 모터를 제어해보도록 합니다. ledcWrite 함수는 칩 내부에 있는 Timer 모듈에 명령을 주어 아래와 같은 형태의 사각 파형을 내보낼 수 있습니다.

모터 돌려 보기

먼저 아두이노 스케치를 이용하여 4 개의 모터를 차례대로 돌려 보도록 하겠습니다. 모터가 도는 방향에 대해 자세히 살펴보도록 합니다.

1 다음과 같이 예제를 작성합니다.

```
273.ino
01    const int MOTOR_A =23;
02    const int MOTOR_B =19;
03    const int MOTOR_C =18;
04    const int MOTOR_D =26;
05    const int CHANNEL_A =0;
06    const int CHANNEL_B =1;
07    const int CHANNEL_C =2;
08    const int CHANNEL_D =3;
09    const int MOTOR_FREQ =5000;
10    const int MOTOR_RESOLUTION =10;
11
12    void setup() {
13            ledcAttachPin(MOTOR_A, CHANNEL_A);
14            ledcAttachPin(MOTOR_B, CHANNEL_B);
15            ledcAttachPin(MOTOR_C, CHANNEL_C);
16            ledcAttachPin(MOTOR_D, CHANNEL_D);
17
18            ledcSetup(CHANNEL_A, MOTOR_FREQ, MOTOR_RESOLUTION);
19            ledcSetup(CHANNEL_B, MOTOR_FREQ, MOTOR_RESOLUTION);
20            ledcSetup(CHANNEL_C, MOTOR_FREQ, MOTOR_RESOLUTION);
21            ledcSetup(CHANNEL_D, MOTOR_FREQ, MOTOR_RESOLUTION);
22
23            ledcWrite(CHANNEL_A, 0);
24            ledcWrite(CHANNEL_B, 0);
25            ledcWrite(CHANNEL_C, 0);
26            ledcWrite(CHANNEL_D, 0);
27
28            delay(3000);
29    }
30
31    unsigned int howMany =3;
32    void loop() {
33
34            if(howMany >0) {
35                    howMany --;
36
37                    ledcWrite(CHANNEL_A, 100); delay(1000);
38                    ledcWrite(CHANNEL_B, 100); delay(1000);
39                    ledcWrite(CHANNEL_C, 100); delay(1000);
40                    ledcWrite(CHANNEL_D, 100); delay(1000);
41
42                    ledcWrite(CHANNEL_A, 0);
43                    ledcWrite(CHANNEL_B, 0);
44                    ledcWrite(CHANNEL_C, 0);
45                    ledcWrite(CHANNEL_D, 0);
46                    delay(4000);
47            }
48
49    }
```

01~04 : 모터 A, B, C, D에 연결된 핀 상수를 선언합니다.

05~08 : 모터 A, B, C, D 핀에 연결할 채널 상수를 선언합니다.

09　　: 모터 주파수 값을 저장할 주파수 상수를 선언합니다.

10　　: 모터 듀티 사이클 해상도 값을 저장할 상수를 선언합니다.

13~16 : ledcAttachPin 함수를 호출하여 모터 A, B, C, D 핀에 채널을 연결합니다.

18~21 : ledcSetup 함수를 호출하여 모터 A, B, C, D 채널에 주파수와 듀티 사이클 해상도를 설정합니다.

23~26 : ledcWrite 함수를 호출하여 채널 A, B, C, D에 0값을 줍니다. 즉, 4개의 모터를 멈춥니다.

28　　: 3초간 기다립니다. 이 부분은 실습 시 안전을 위해 넣은 부분입니다.

31　　: howMany 변수를 선언한 후, 3으로 초기화합니다. howMany 변수는 34, 35줄에서 사용하여 34~47줄의 수행
　　　횟수를 결정합니다.

37~40 : ledcWrite 함수를 호출하여 채널 A, B, C, D에 100 값을 줍니다. 1023 중 100에 해당하는 값만큼 HIGH가 (1023-
　　　100)에 해당하는 값만큼 LOW가 출력되게 됩니다. 그리고 1초간 지연을 줍니다.

42~45 : ledcWrite 함수를 호출하여 채널 A, B, C, D에 0값을 줍니다. 즉, 4개의 모터를 멈춥니다.

46　　: 4초간 기다립니다.

2 [툴] 메뉴를 이용하여 보드, 포트를 다음과 같이 선택합니다.

3 컴파일과 업로드를 수행합니다.

4 USB에 연결된 상태로 배터리 전원을 켭니다.
드론 모터는 배터리 전원으로 동작하도록 회로
구성이 되어 있습니다.

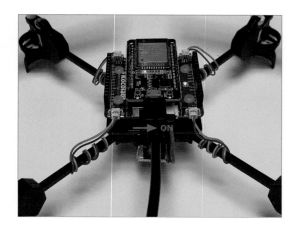

5 23, 19, 18, 26의 순서대로 4 개의 모터가 1초 간격으로 차례대로 돌아가는 것을 확인합니다. 그리고 4 초간 멈추는 것을 확인합니다. 이 동작을 3회 반복합니다.

모터의 회전 방향은 다음과 같습니다.

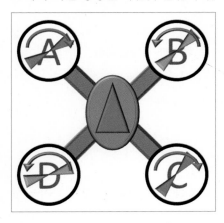

6 테스트가 끝났으면 모터 전원을 끕니다.

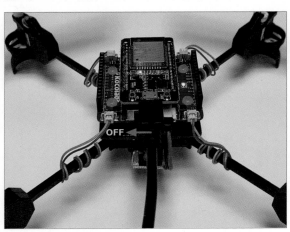

08 _ 아두이노의 귀 : Serial.read

우리는 앞에서 Serial.println 함수를 통해서 아두이노의 이야기를 듣는 방법을 살펴보았습니다. 그러면 아두이노가 우리의 이야기를 듣는 방법은 없을까요? 아두이노가 우리의 이야기를 들어야 우리가 원하는 것을 아두이노에게 시킬 수 있지 않을까요? 이 때 필요한 함수가 바로 Serial.read 함수입니다.

여기서는 시리얼 입력을 살펴봅니다. 시리얼 입력은 사용자의 입력을 받기 위해 필요하며 Serial.available 함수와 Serial.read 함수를 이용합니다. 사용자의 입력을 받기 때문에 아주 중요한 기능입니다.

ESP32는 USB 단자를 통해 PC로부터 메시지를 받습니다.

여러분은 아두이노 스케치를 통해 아두이노가 PC로부터 메시지를 받게 할 때 다음 세 함수를 주로 사용하게 됩니다.

```
Serial.begin(speed)
Serial.available()
Serial.read()
```

Serial.begin 함수는 앞에서 이미 살펴보았습니다. 여기서는 따로 설명하지 않습니다.

Serial.available은 PC로부터 도착한 데이터의 바이트 수를 돌려줍니다.

Serial.read는 PC로부터 받은 메시지의 첫 번째 바이트를 읽는 함수입니다.

사용자 입력 받기

여기서는 Serial.available 함수와 Serial.read 함수를 이용하여 PC를 통해 사용자로부터 문자를 입력받은 후, PC로 사용자 입력을 돌려보내 봅니다.

1 다음과 같이 예제를 작성합니다.

```
281.ino
01    void setup() {
02          Serial.begin(115200);
03    }
04
05    void loop() {
06          if(Serial.available()) {
07                char userInput = Serial.read();
08                Serial.print(userInput);
09          }
10    }
```

06 : Serial.available 함수를 호출하여 시리얼을 통해 도착한 문자가 있는지 확인합니다. 도착한 문자가 있을 경우 6~9줄을 수행합니다. Serial.available 함수는 시리얼 입력 버퍼에 도착한 데이터의 개수를 주는 함수입니다.

07 : Serial.read 함수를 호출하여 키보드 입력 문자 하나를 userInput 변수로 받습니다. Serial.read 함수는 시리얼 입력 버퍼에 도착한 데이터를 한 바이트 읽어내는 함수입니다.

08 : Serial.print 함수를 호출하여 사용자로부터 전달된 문자를 출력합니다.

2 컴파일과 업로드를 수행한 후 [시리얼 모니터] 버튼을 눌러줍니다.

3 시리얼 모니터 창이 뜨면, 우측 하단에서 통신 속도를 115200으로 맞춰줍니다.

4 시리얼 모니터 창의 빨간 박스 입력 창에 1, 2, 3, 4를 입력해 봅니다.

```
1
2
3
4
```

1,2,3,4 문자가 표시되는 것을 확인합니다.

모터 속도 조절해 보기

여기서는 시리얼을 이용하여 모터의 속도를 조절해 봅니다.

1 다음과 같이 예제를 작성합니다. 263.ino, 271.ino 파일을 복사하여 편집합니다.

```
282.ino
01    const int MOTOR_A =23;
02    const int MOTOR_B =19;
03    const int MOTOR_C =18;
04    const int MOTOR_D =26;
05    const int CHANNEL_A =0;
06    const int CHANNEL_B =1;
07    const int CHANNEL_C =2;
08    const int CHANNEL_D =3;
```

```
09        const int MOTOR_FREQ =5000;
10        const int MOTOR_RESOLUTION =10;
11
12        void setup() {
13                ledcAttachPin(MOTOR_A, CHANNEL_A);
14                ledcAttachPin(MOTOR_B, CHANNEL_B);
15                ledcAttachPin(MOTOR_C, CHANNEL_C);
16                ledcAttachPin(MOTOR_D, CHANNEL_D);
17
18                ledcSetup(CHANNEL_A, MOTOR_FREQ, MOTOR_RESOLUTION);
19                ledcSetup(CHANNEL_B, MOTOR_FREQ, MOTOR_RESOLUTION);
20                ledcSetup(CHANNEL_C, MOTOR_FREQ, MOTOR_RESOLUTION);
21                ledcSetup(CHANNEL_D, MOTOR_FREQ, MOTOR_RESOLUTION);
22
23                ledcWrite(CHANNEL_A, 0);
24                ledcWrite(CHANNEL_B, 0);
25                ledcWrite(CHANNEL_C, 0);
26                ledcWrite(CHANNEL_D, 0);
27
28                Serial.begin(115200);
29        }
30
31        void loop() {
32                if(Serial.available()>0) {
33                        char userInput = Serial.read();
34                        Serial.println(userInput);
35
36                        if(userInput >='0' && userInput <='9') {
37                                int throttle = (userInput -'0')*40;
38                                ledcWrite(CHANNEL_A, throttle);
39                                ledcWrite(CHANNEL_B, throttle);
40                                ledcWrite(CHANNEL_C, throttle);
41                                ledcWrite(CHANNEL_D, throttle);
42                        }
43                }
44        }
```

36 : 사용자 입력 값이 '0'(0 문자)보다 크거나 같고 '9'(9 문자) 값보다 작으면

37 : 사용자 입력 값에서 '0' 문자 값을 빼서 숫자 값을 만든 후, 40을 곱해서 throttle 변수 값에 할당합니다. throttle 변수는 각 모터에 적용되는 속도 값을 저장하는 변수입니다.

※ '0'~'9' 문자에 대응되는 아스키 숫자 값은 48~57입니다. 그래서 사용자가 '3'문자를 입력할 경우 '3'-'0'=51-48=3이 됩니다. 이 3의 값에 40을 곱하면 120이 되며 이 값을 ledcWrite 함수의 두 번째 인자로 넣게 됩니다. 이 예제에서는 모터의 최대 속도로 360까지 줄 수 있습니다. 최대 속도는 1023을 주었을 때입니다.

38~41 : ledcWrite 함수를 호출하여 23, 19, 18, 26 번 핀에 throttle 값을 줍니다.

② 컴파일과 업로드를 수행한 후 [시리얼 모니터] 버튼을 눌러줍니다.

③ 시리얼 모니터 창이 뜨면, 우측 하단에서 통신 속도를 115200으로 맞춰줍니다.

새 줄 ∨	115200 보드레이트 ∨	출력 지우기

④ USB에 연결된 상태로 배터리 전원을 켭니다. 드론 모터는 배터리 전원으로 동작하도록 회로 구성이 되어 있습니다.

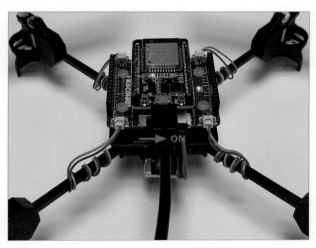

⑤ 시리얼 모니터 창의 빨간 박스 입력 창에 1, 2, 3, 4를 입력해 봅니다. 9까지 입력할 수 있습니다.

```
1
2
3
4
```

6 드론의 프로펠러가 회전하는 것을 확인합니다.

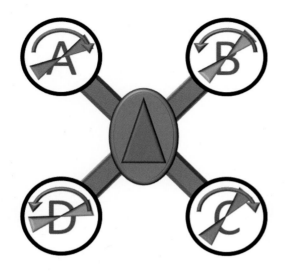

7 테스트가 끝났으면 모터 전원을 끕니다.

09 _ BluetoothSerial 라이브러리 살펴보기

ESP32는 블루투스 모듈을 내장하고 있습니다. 블루투스 모듈을 이용하면 스마트폰을 이용하여 무선으로 데이터를 주고받을 수 있습니다.
여기서는 안드로이드 디바이스와 통신을 하며 사용자로부터 명령을 받는 역할을 하는 BluetoothSerial 라이브러리에 대해서 살펴보고 테스트 프로그램을 작성해봅니다.

블루투스 테스트하기

여기서는 다음 스마트폰 앱(Serial Bluetooth Terminal)을 이용하여 블루투스 통신 테스트를 수행해 봅니다.

Serial Bluetooth Terminal
Kai Morich
인앱 구매

1 다음과 같이 예제를 작성합니다.

```
291.ino
01    #include " BluetoothSerial.h "
02
03    BluetoothSerial SerialBT;
04
05    void setup() {
06            SerialBT.begin(" Kocolabs Drone ");
07    }
08
09    void loop() {
10            if(SerialBT.available()>0) {
11                    char userInput = SerialBT.read();
12                    SerialBT.println(userInput);
13            }
14    }
```

01   : BluetoothSerial.h 파일을 포함합니다.
03   : BluetoothSerial 클래스 객체인 SerialBT를 선언합니다. 블루투스 통신을 하기 위해 필요합니다.
06   : SerialBT.begin 함수를 호출하여 블루투스 디바이스 이름을 설정합니다. 독자 여러분은 여러분이 원하는 이름을 사용할 수도 있습니다.
10,11,12 : 이전 예제에서 Serial을 SerialBT로 바꿔줍니다.

2 [툴] 메뉴를 이용하여 보드, 포트를 다음과 같이 선택합니다.

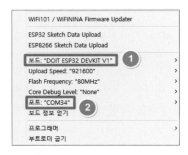

3 컴파일과 업로드를 수행합니다.

4 구글 [Play 스토어]에서 [Serial Bluetooth Terminal] 앱을 설치합니다.

5 설치한 [Serial Bluetooth Terminal] 앱을 실행합니다.

6 앱이 실행되면 다음 그림에서 ❶ 메뉴를 누릅니다. 그러면 팝업 창이 뜨고 ❷ [Devices] 항목을 선택합니다.

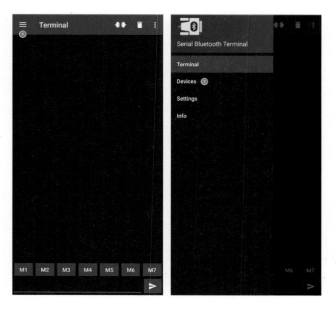

7 다음 창에서 ❶ [BLUETOOTHLE Classic] 탭을 선택한 후, ❷ [No Devices]를 확인한 후, ❸ 설정 버튼을 눌러줍니다. 그러면 오른쪽 그림과 같이 블루투스 검색 창으로 이동합니다. ❹ [Kocolabs Drone] 디바이스를 선택합니다.

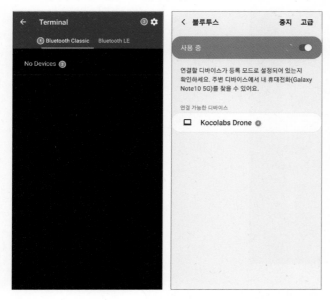

8 다음과 같이 [블루투스 연결 요청] 창이 뜨면 ❺ [확인] 버튼을 누릅니다. 그러면 오른쪽 그림과 같이 ❻ [Kocolabs Drone] 디바이스가 등록된 디바이스로 표시됩니다.

화면 하단에 ❼ [◁] 버튼을 눌러줍니다.

9 그러면 다음 왼쪽 화면으로 돌아옵니다. **❶** [Kocolabs Drone] 디바이스를 선택합니다. 그러면 드론에 장착된 블루투스 모듈에 **❷** 연결이 됩니다.

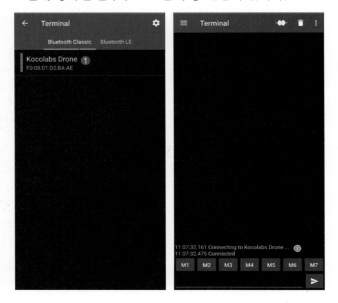

한 번 연결이 되면 이후에는 다음 메뉴를 이용하여 바로 연결할 수 있습니다.

10 다음 그림에서 **❶** 메뉴를 누릅니다. 그러면 팝업 창이 뜨고 **❷** [Settings]를 선택합니다.

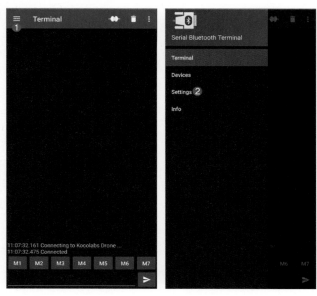

⓫ [Settings] 메뉴에서 ❸ [Send] 항목을 선택한 후, ❹ [Clear input on send] 항목을 활성화시켜 줍니다. ❺ 화살표 키를 눌러 [Terminal] 창으로 돌아옵니다.

⓬ 메시지 입력 창에 ❶ 1을 입력하고, ❷ 전송 버튼을 누릅니다. 그러면 ❸과 같이 보낸 메시지가 반향되어 표시 됩니다. ❹ 메시지 입력 창에 0을 입력하고, ❺ 전송 버튼을 누릅니다. 그러면 ❻과 같이 보낸 메시지가 반향되어 표시 됩니다.

시리얼 터미널 설정하기

여기서는 시리얼 터미널을 설정하여 드론을 제어할 수 있는 환경을 구성해 봅니다.

1 앱 화면에서 ❶ 메뉴를 누릅니다. 그러면 팝업 창이 뜨고 ❷ [Settings]를 선택합니다.

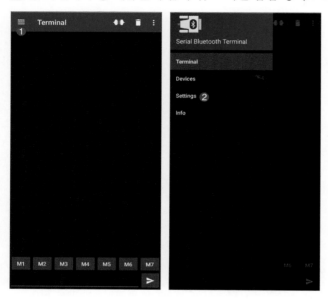

2 다음 그림에서 ❸ Misc. 메뉴를 누릅니다. [Misc. Settings] 창에서 ❹ [Macro buttons] 항목을 선택합니다.

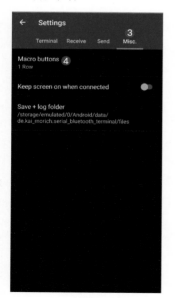

❸ [Macro buttons] 팝업 창에서 ❺ [5 Rows]를 선택합니다. 그러면 ❻과 같이 표시됩니다. ❼ 화살표 키를 눌러 [Terminal] 창으로 돌아옵니다.

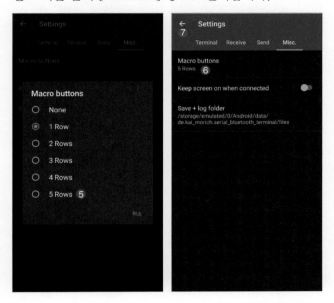

❹ 그러면 ❽과 같이 매크로 버튼이 생성됩니다. ❾ [M1] 버튼을 2초간 눌러줍니다.

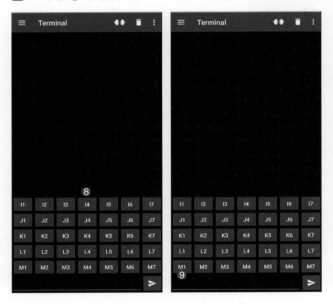

5 그러면 다음과 같이 [Edit Macro] 창이 열립니다. ❿ [Name] 값을 100으로, ⓫ [Value]를 1로 설정한 후, ⓬ 체크 표시를 눌러 저장한 후, ⓭ 화살표 키를 눌러 터미널 창으로 돌아옵니다. 여기서 100은 모터의 속도를 1은 전송할 '1' 문자 값입니다.

6 그러면 ⓮와 같이 표시됩니다. 같은 방식으로 오른쪽 그림과 같이 설정합니다.

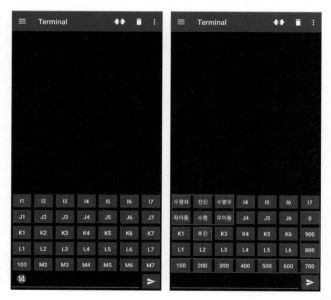

다음과 같이 차례대로 설정합니다.

❶ 속도 버튼

100 - 1, 200 - 2, 300 - 3, 400 - 4, 500 - 5, 600 - 6, 700 - 7, 800 - 8, 900 - 9, 0 - 0

❷ 이동 버튼

수평좌 - q, 전진 - w, 수평우 - e, 좌이동 - a, 수평 - s, 우이동 - d, 후진 - x

모터 속도 테스트하기

여기서는 모터의 속도를 조절해 봅니다. 모터의 속도를 높여 드론이 안정적으로 뜰 수 있는지도 확인해 봅니다.

1 다음과 같이 예제를 작성합니다. 272.ino 예제를 복사하여 수정합니다.

```
293.ino
01    #include " BluetoothSerial.h "
02
03    const int MOTOR_A =23;
04    const int MOTOR_B =19;
05    const int MOTOR_C =18;
06    const int MOTOR_D =26;
07    const int CHANNEL_A =0;
08    const int CHANNEL_B =1;
09    const int CHANNEL_C =2;
10    const int CHANNEL_D =3;
11    const int MOTOR_FREQ =5000;
12    const int MOTOR_RESOLUTION =10;
13
14    BluetoothSerial SerialBT;
15
16    void setup() {
17            ledcAttachPin(MOTOR_A, CHANNEL_A);
18            ledcAttachPin(MOTOR_B, CHANNEL_B);
19            ledcAttachPin(MOTOR_C, CHANNEL_C);
20            ledcAttachPin(MOTOR_D, CHANNEL_D);
21
22            ledcSetup(CHANNEL_A, MOTOR_FREQ, MOTOR_RESOLUTION);
23            ledcSetup(CHANNEL_B, MOTOR_FREQ, MOTOR_RESOLUTION);
24            ledcSetup(CHANNEL_C, MOTOR_FREQ, MOTOR_RESOLUTION);
25            ledcSetup(CHANNEL_D, MOTOR_FREQ, MOTOR_RESOLUTION);
26
27            ledcWrite(CHANNEL_A, 0);
28            ledcWrite(CHANNEL_B, 0);
29            ledcWrite(CHANNEL_C, 0);
30            ledcWrite(CHANNEL_D, 0);
31
32            SerialBT.begin(" Kocolabs Drone ");
33    }
34
35    void loop() {
36            if(SerialBT.available()>0) {
37                    char userInput = SerialBT.read();
38                    SerialBT.println(userInput);
39
40                    if(userInput >= ' 0 ' && userInput <= ' 9 ') {
```

```
41                                  int throttle = (userInput - '0')*100;
42                                  ledcWrite(CHANNEL_A, throttle);
43                                  ledcWrite(CHANNEL_B, throttle);
44                                  ledcWrite(CHANNEL_C, throttle);
45                                  ledcWrite(CHANNEL_D, throttle);
46                          }
47                      }
48              }
```

01   : BluetoothSerial.h 파일을 포함합니다.
14   : BluetoothSerial 클래스 객체인 SerialBT를 선언합니다. 블루투스 통신을 하기 위해 필요합니다.
32   : SerialBT.begin 함수를 호출하여 블루투스 디바이스 이름을 설정합니다.
36, 37, 38 : 이전 예제에서 Serial을 SerialBT로 바꿔줍니다.

② 드론과 PC를 USB로 연결한 후, 컴파일과 업로드를 수행합니다.

③ 드론을 USB에서 분리한 후 평평한 바닥에 내려놓습니다.

④ 전원을 켭니다.

5 이전에 설치한 [Serial Bluetooth Terminal] 앱을 실행시킨 후, 드론과 연결합니다.

6 [Serial Bluetooth Terminal] 앱을 이용하여 모터 속도를 올리면서 드론이 안정적으로 뜰 수 있는지 확인해 봅니다.

※ 드론의 블루투스 연결이 끊어지는 경우가 있는데, 배터리가 얼마 남지 않으면 발생하는 증상이니 이런 경우에는 충전을 하시기 바랍니다.

드론 수평 회전 테스트하기

여기서는 수평 상태에서 드론의 회전 테스트를 수행해 봅니다. 다음 그림에서 A, C 프로펠러만 회전시키면 드론은 어떤 방향으로 회전할까요? 시계 방향으로 회전할까요? 반시계 방향으로 회전할까요? 이 실습을 통해서 얻은 경험은 뒤에서 모터에 속도를 분배할 때 유용하게 사용됩니다.

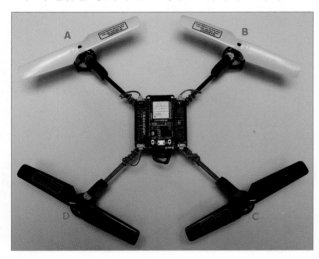

1 다음과 같이 예제를 작성합니다. 283.ino 예제를 복사하여 수정합니다.

```
294.ino
01    const int MOTOR_A =23;
02    const int MOTOR_B =19;
03    const int MOTOR_C =18;
04    const int MOTOR_D =26;
05    const int CHANNEL_A =0;
06    const int CHANNEL_B =1;
07    const int CHANNEL_C =2;
```

```
08      const int CHANNEL_D =3;
09      const int MOTOR_FREQ =5000;
10      const int MOTOR_RESOLUTION =10;
11
12      void setup() {
13
14              ledcAttachPin(MOTOR_A, CHANNEL_A);
15              ledcAttachPin(MOTOR_B, CHANNEL_B);
16              ledcAttachPin(MOTOR_C, CHANNEL_C);
17              ledcAttachPin(MOTOR_D, CHANNEL_D);
18
19              ledcSetup(CHANNEL_A, MOTOR_FREQ, MOTOR_RESOLUTION);
20              ledcSetup(CHANNEL_B, MOTOR_FREQ, MOTOR_RESOLUTION);
21              ledcSetup(CHANNEL_C, MOTOR_FREQ, MOTOR_RESOLUTION);
22              ledcSetup(CHANNEL_D, MOTOR_FREQ, MOTOR_RESOLUTION);
23
24              ledcWrite(CHANNEL_A, 0);
25              ledcWrite(CHANNEL_B, 0);
26              ledcWrite(CHANNEL_C, 0);
27              ledcWrite(CHANNEL_D, 0);
28
29              delay(5000);
30
31      }
32
33      unsigned int howMany =3;
34      const int throttle =130;
35      void loop() {
36
37              if(howMany >0) {
38                      howMany --;
39
40                      ledcWrite(CHANNEL_A, throttle);
41                      ledcWrite(CHANNEL_B, 0);
42                      ledcWrite(CHANNEL_C, throttle);
43                      ledcWrite(CHANNEL_D, 0);
44                      delay(2000);
45
46                      ledcWrite(CHANNEL_A, 0);
47                      ledcWrite(CHANNEL_B, 0);
48                      ledcWrite(CHANNEL_C, 0);
49                      ledcWrite(CHANNEL_D, 0);
50                      delay(2000);
51
52                      ledcWrite(CHANNEL_A, 0);
53                      ledcWrite(CHANNEL_B, throttle);
```

```
54                    ledcWrite(CHANNEL_C, 0);
55                    ledcWrite(CHANNEL_D, throttle);
56                    delay(2000);
57
58                    ledcWrite(CHANNEL_A, 0);
59                    ledcWrite(CHANNEL_B, 0);
60                    ledcWrite(CHANNEL_C, 0);
61                    ledcWrite(CHANNEL_D, 0);
62                    delay(2000);
63            }
64
65      }
```

29 : 5초간 지연을 주어 모터가 바로 돌지 못하게 합니다.

33 : howMany 변수를 선언하여 3으로 초기화합니다. howMany 변수는 37, 38줄에서 사용되어 37~63 줄의 수행 횟수를 제한합니다.

34 : throttle 상수를 선언한 후, 130으로 초기화합니다.

40~44 : 2초간 A, C 모터만 회전시킵니다.

41, 43 : B, D 모터 속도를 0으로 맞추어 돌지 못하게 합니다.

46~50 : 모터의 회전을 멈춥니다.

52~56 : 2초간 B, D 모터만 회전시킵니다.

52, 54 : A, C 모터 속도를 0으로 맞추어 돌지 못하게 합니다.

58~62 : 모터의 회전을 멈춥니다.

2 드론과 PC를 USB로 연결한 후, 컴파일과 업로드를 수행합니다.

3 드론을 USB에서 분리한 후 평평한 바닥에 내려놓습니다.

☑ 전원을 켭니다. 그리고 드론의 회전 방향을 살펴봅니다.

A, C 모터만 회전할 경우 드론은 다음 그림의 왼쪽과 같은 형태로 회전할 것입니다. 즉, 시계 방향으로 도는 A, C 모터가 반 시계 방향으로 도는 B, D 모터보다 더 빠르게 회전하면 드론은 반시계 방향으로 회전하게 됩니다. 시계 방향으로 도는 A, C 모터의 토크에 의해 드론 몸체는 반시계 방향으로 회전하게 됩니다. B, D 모터만 회전할 경우 드론은 다음 그림의 오른쪽과 같은 형태로 회전할 것입니다. 이것은 작용 반작용의 원리로 시계 방향의 모터 회전(A, C)이 발생할 경우 드론의 몸체는 반시계 방향으로 회전이 발생합니다.

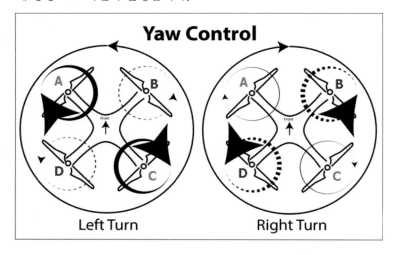

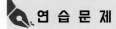

연 습 문 제

[문제 1] _03throttle 예제를 _03throttle_ex로 저장합니다. _03throttle_ex를 수정하여 l(소문자 L)을 누르면 왼쪽 회전, r(소문자 R)을 누르면 오른쪽 회전, 0(숫자 0)을 누르면 멈출 수 있도록 프로그램을 작성합니다. 회전해야할 모터의 속도는 적절히 주도록 합니다. 예를 들어, 130 정도를 줄 수 있습니다.

[문제 2] _03throttle_ex 예제를 _03throttle_ex_2로 저장합니다. _03throttle_ex_2를 수정하여 전진(w), 후진(s), 좌이동(a), 우이동(d) 기능을 추가합니다. 전진의 경우 D, C을 속도를 높여야 하고, 후진의 경우 A, B의 속도를 높여야 하고, 좌이동의 경우 B, C의 속도를 높여야하고, 우이동의 경우 A, D의 속도를 높여야 합니다.

※ 해답은 제공되지 않습니다.

CHAPTER **03**

드론 Roll, Pitch, Yaw 각도 구하기

이번 Chapter에서는 첫째, MPU6050 균형계를 살펴보고, Roll, Pitch, Yaw를 이해해보고, MPU6050 레지스터를 살펴봅니다. 둘째, 가속도 자이로 센서값을 읽어보고, 가속도 자이로 센서 해석 방법을 소개하고, 센서의 특성과 상보필터의 구조를 살펴봅니다. 마지막으로, 센서 값을 보정하고, 주기 시간을 계산하고, 자이로 센서, 가속도 센서를 이용하여 각도를 구해봅니다.

01 _ MPU6050 균형계 살펴보기

우리가 사용하고 있는 아두이노 드론에는 다음과 같은 GY-521 MPU6050 모듈이 장착되어 있습니다.

다음과 같이 드론의 전방 우측에 장착되어 있습니다.

MPU6050 모듈은 가속도 자이로 센서를 이용하여 드론의 기울어진 정도와 회전속도를 알려줍니다. 우리는 드론의 기울어진 정도나 회전속도에 따라 모터의 속도를 조절해 드론의 중심을 잡게 됩니다. MPU6050 모듈은 가속도 3축, 자이로 3축, 온도에 대한 총 7 가지 센서 값을 제공합니다. 이 중 우리는 가속도, 자이로 센서에 대한 값을 활용하게 됩니다. 가속도 자이로 센서에 대한 분석 방법은 아주 복잡하지만, 드론의 동작을 이해하기 위해 꼭 필요한 부분입니다.

이 책에서 다루는 가속도 자이로 센서는 InvenSense 사의 제품인 MPU6050 센서로 다음 사진의 가운데에 있는 칩입니다.

MPU6050 모듈은 하나의 칩 안에 MEMS 가속도 센서와 MEMS 자이로 센서를 가지고 있습니다. MEMS란 Micro Electro Mechanical Systems의 약자로 미세 전자기계 시스템으로 불리며, 반도체 제조 공정 기술을 기반으로 한 마이크로미터(μm)이나 밀리미터(mm)크기의 초소형 정밀기계 제작 기술을 말합니다. 아래 그림은 MEMS 기술로 만들어진 초소형 기계 시스템을 보여주고 있습니다.

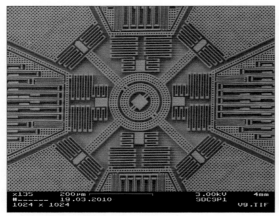 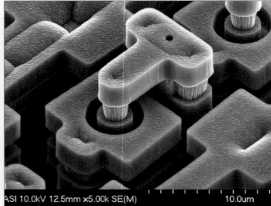

▲ 출처 : http://www.machinedesign.com

▲ 출처 : http://www.kinews.net

MPU6050 센서는 각 채널에 대해 16 비트 크기의 값을 출력해 주는 ADC 모듈을 가지고 있습니다. 다음은 MPU6050 센서의 내부 블록도입니다.

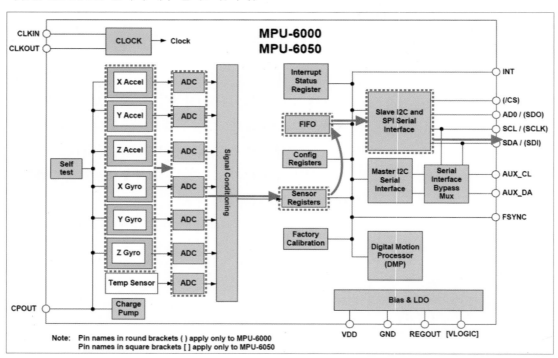

X, Y, Z 축에 대한 가속도와 자이로 값이 각각의 ADC 블록을 거쳐 센서 레지스터(Sensor Register)에 저장됩니다. 센서 레지스터는 센서 내부에 있는 이름을 가진 변수와 같습니다. 센서 레지스터에 저장된 값은 I2C 통신을 통해 ESP32 아두이노로 전달됩니다.

다음은 ESP32의 I2C 핀입니다.

MPU6050 센서는 ESP32와 I2C 통신을 합니다. ESP32의 I2C 핀은 21, 22 번 핀으로 각각 ESP32 내부에 있는 I2C 모듈의 SDA, SCL 핀과 연결됩니다. ESP32의 SDA, SCL 핀은 MPU6050 센서의 SDA, SCL 핀과 연결됩니다.

02 _ Roll, Pitch, Yaw 이해하기

드론에서 Roll, Pitch, Yaw는 아주 중요한 요소입니다. 이 세 가지 조건에 대한 정확한 정보가 없다면, 드론을 제대로 띄울 수가 없습니다. 그러면 Roll, Pitch, Yaw란 무엇일까요?

다음과 같은 형태의 배가 물에 떠 있는 경우를 생각해 봅니다.

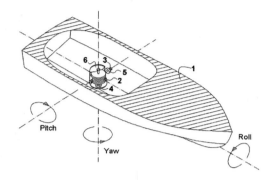

전방을 기준으로 배는 좌우로 흔들릴 수 있습니다. 배는 앞뒤로도 흔들릴 수 있습니다. 배는 방향을 전환할 수도 있습니다. 이 때, 각각을 Roll, Pitch, Yaw라고 합니다. 배의 경우는 Yaw가 아주 중요한 요소가 됩니다.

이러한 현상은 비행기에도 나타날 수 있습니다. 다음 그림을 살펴봅니다.

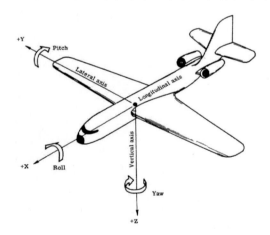

Roll은 비행체의 좌우 기울어짐의 정도, Pitch는 전후 기울어짐의 정도, Yaw는 수평 회전 정도를 나타냅니다.

다음 그림은 비행기의 Roll, Pitch, Yaw를 좀 더 구체적으로 보여주고 있습니다.

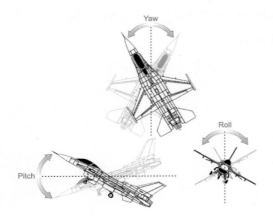

비행기의 경우엔 Roll, Pitch, Yaw가 모두 중요합니다.

드론의 경우는 비행기와 같습니다. 아래 그림은 드론의 Roll, Pitch, Yaw를 나타냅니다.

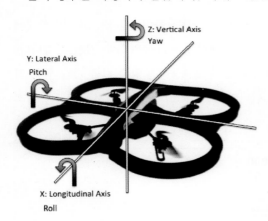

드론의 전방을 기준으로 좌우 기울어짐을 Roll, 전후 기울어짐을 Pitch, 수평 회전 정도를 Yaw라고 합니다. 드론의 Roll, Pitch, Yaw 대한 정보는 MPU6050 센서를 이용하여 얻어낼 수 있습니다. MPU6050 센서를 좀 더 자세히 살펴보도록 하겠습니다.

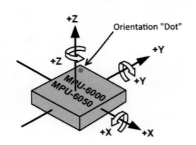

그림에서 MPU6050 센서는 총 6개의 축을 표시하고 있습니다. 직선 3축과 곡선 3축을 합쳐서 총 6 개의 축이 됩니다. 직선 3 축은 기울기 센서가 사용합니다. 곡선 3축은 자이로 센서가 사용합니다.

직선 3 축은 각 축에 대해 중력 방향을 기준으로 센서의 기울어진 정도를 측정할 때 사용합니다. 곡선 3 축은 직선 3 축에 대한 회전 정도를 측정할 때 사용합니다.

가속도 센서 축의 이해

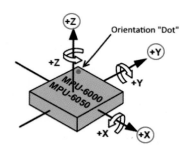

그림에서 직선 +X, +Y, +Z 방향은 가속도 센서의 + 방향입니다. 예를 들어, 센서가 정적인 상태에서 직선의 +X가 중력 방향과 같은 방향을 보게 되면 가속도 센서 X_Accel은 음수 값을 갖습니다. 또, 직선 +X가 중력 방향과 반대 방향을 보게 되면 가속도 센서 X_Accel은 양수 값을 갖습니다. 직선 +Y, +Z에 대해서도 마찬가지 방식으로 생각하면 됩니다. X_Accel, Y_Accel, Z_Accel은 아래 그림의 센서 값을 나타냅니다.

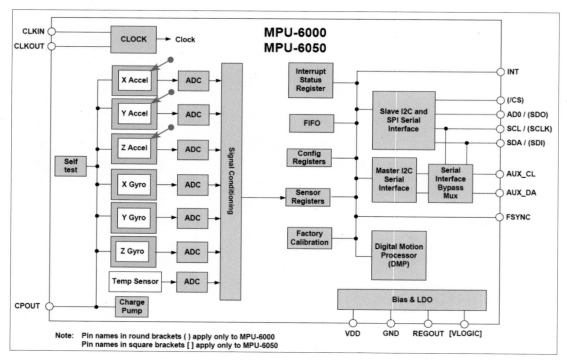

가속도 센서 값은 뒤에서 실습을 통해 구체적으로 살펴 볼 것입니다. MPU6050 센서를 수평면에 두었을 때, 직선 +Z는 중력과 정 반대 방향을 보게 되며, 가속도 센서 Z_Accel은 양수 값을 갖게 됩니다.

자이로 센서 축의 이해

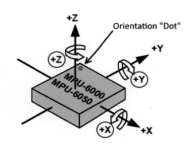

그림에서 곡선 축의 +X, +Y, +Z는 센서가 회전할 경우에 자이로 센서의 + 값의 기준이 됩니다. 예를 들어, 센서가 +X 방향으로 돌면 자이로(각속도 또는 회전속도) 센서 X_Gyro는 양수 값을 갖습니다. 반대 방향으로 돌면 자이로 센서 X_Gyro는 음수 값을 갖습니다. 곡선 축 +Y, +Z에 대해서도 마찬가지 방식으로 생각하면 됩니다.

X_Gyro, Y_Gyro, Z_Gyro는 아래 그림의 센서 값을 나타냅니다.

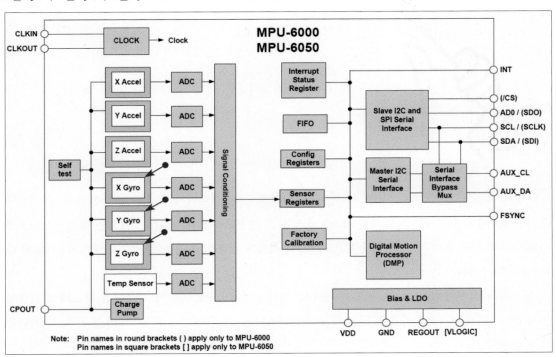

자이로 센서 값은 뒤에서 실습을 통해 구체적으로 살펴 볼 것입니다.

가속도 센서 축과 자이로 센서 축의 관계

기울기 측정을 위한 직선 3축의 +방향과 회전 측정을 위한 곡선 3축의 +방향은 기억하고 있어야 합니다. 다음과 같이 기억할 수 있습니다. 먼저 직선 3축의 +방향은 아래 그림처럼 기억할 수 있습니다.

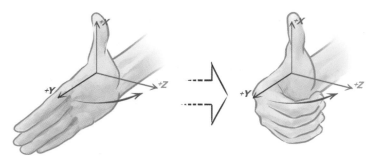

오른손 엄지를 +X 방향으로 한 후, 손바닥을 편 상태에서 검지부터 약지까지 4 손가락이 가리키는 방향이 +Y 방향이 됩니다. 그 상태에서 4 손가락을 감습니다. 이 경우 4 손가락은 엄지를 기준으로 반시계 방향으로 돌게 됩니다. 손가락을 감을 때 4 손가락이 손바닥과 수직으로 보는 방향이 +Z 방향이 됩니다. 이 규칙은 MPU6050 센서에도 적용되고, 앞에서 본 배, 비행기, 드론에 대해서도 적용됩니다.

다음으로 곡선 3 축의 + 방향을 살펴보겠습니다. 다음 그림을 보면서 이해해 보겠습니다.

그림에서 곡선 +X의 방향은 직선 +X를 엄지 방향으로 한 상태에서 4 손가락을 감는 방향이 됩니다. 이 경우에도 4 손가락은 엄지를 기준으로 반시계 방향으로 돌게 됩니다. 이것은 곡선 +Y, +Z에 대해서도 적용됩니다. 이 규칙 역시 MPU6050 센서에도 적용되고, 앞에서 본 배, 비행기, 드론에 대해서도 적용됩니다.

이 방법을 기억해야 MPU6050 자이로 가속도 센서 값을 해석해 드론이 기울어진 각도와 회전방향을 구할 수 있으며, 그에 따라 모터의 속도를 분배해 드론을 안정되게 띄울 수 있습니다. 꼭 기억하시기 바랍니다.

ESP32 아두이노 드론과 가속도 자이로 센서

우리가 사용하는 ESP32 아두이노 드론은 직선 축 +X, +Y가 각각 전방, 좌측을 보고 있습니다. 다음 그림을 살펴보도록 합니다.

MPU6050 부분만 확대해 보면 다음과 같습니다.

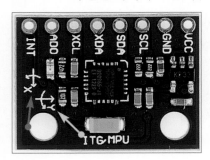

빨간색 화살표는 직선과 곡선 축 +X를 가리키고, 노란색 화살표는 직선과 곡선 축 +Y를 가리키고 있습니다. 직선 축 +X는 전방을, 직선 축 +Y는 좌측을 가리킵니다.

그러면 ESP32 아두이노 드론에 대해서 드론의 회전하는 상태에 따라 가속도와 자이로 센서 값에 대해 생각해 보겠습니다.

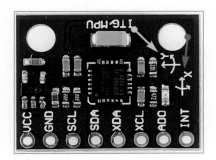

먼저 드론이 앞으로 기울어진 상태와 오른쪽으로 기울어진 상태에 대해서 생각해 보겠습니다. 드론이 앞으로 기울어지면 직선 +X축은 중력 방향을 향하게 되므로 기울기 센서 X_Accel은 음수 값을 갖습니다. 드론이 오른쪽으로 기울어지면 직선 +Y축이 중력 반대 방향을 향하게 되므로 기울기 센서 Y_Accel은 양수 값을 갖습니다.

다음 그림은 비행기를 예로 앞으로 기울어진 상태와 오른쪽으로 기울어진 상태를 나타냅니다. 오른쪽 비행기의 경우 지면을 향해 나오는 그림입니다.

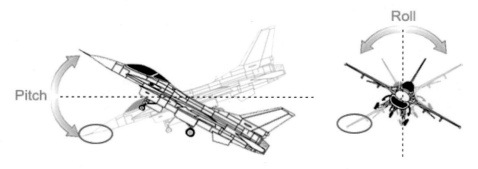

드론이 회전할 경우에 대해서도 살펴보겠습니다. 수평 상태에서 드론이 오른쪽으로 기울면서 회전이 발생할 경우 곡선 축 +X 방향으로 돌게 됩니다. 따라서 자이로 센서 X_Gyro는 양수 값을 갖습니다. 드론이 왼쪽으로 기울면서 회전이 발생할 경우 곡선 축 +X 반대 방향으로 돌게 됩니다. 따라서 자이로 센서 X_Gyro는 음수 값을 갖습니다. 수평 상태에서 드론의 앞부분이 땅 방향으로 회전이 발생할 경우 곡선 축 +Y 방향으로 돌게 됩니다. 따라서 자이로 센서 Y_Gyro는 양수 값을 갖습니다. 드론의 앞부분이 하늘 방향으로 회전이 발생할 경우 곡선 축 +Y 반대 방향으로 돌게 됩니다. 따라서 자이로 센서 Y_Gyro는 음수 값을 갖습니다.

03 _ MUP6050 레지스터 살펴보기

여기서는 MPU6050을 초기화하기 위한 설정 레지스터와 자이로 센서 값을 저장하는 레지스터를 살펴보도록 합니다. 레지스터는 CPU와 디바이스가 통신하기 위한 디바이스가 가진 변수와 같습니다. 다음은 PWR_MGMT_1 레지스터를 나타냅니다. 이 레지스터는 MPU6050의 내부 0x68 번지에 있습니다.

6B	107	PWR_MGMT_1	R/W	DEVICE_RESET	SLEEP	CYCLE	-	TEMP_DIS	CLKSEL[2:0]

SLEEP 부분이 1로 설정되면 MPU6050은 sleep mode가 되며 반대로 0으로 설정되면 깨어나게 됩니다.

다음은 MPU6050의 내부 0x3b~0x48 번지에 있는 14 바이트의 레지스터를 나타냅니다. 0x3b 번지부터 시작해 총 14 바이트 크기의 레지스터에 차례대로 가속도 센서, 온도 센서, 자이로 센서 값이 저장됩니다.

Addr (Hex)	Addr (Dec.)	Register Name
3B	59	ACCEL_XOUT_H
3C	60	ACCEL_XOUT_L
3D	61	ACCEL_YOUT_H
3E	62	ACCEL_YOUT_L
3F	63	ACCEL_ZOUT_H
40	64	ACCEL_ZOUT_L
41	65	TEMP_OUT_H
42	66	TEMP_OUT_L
43	67	GYRO_XOUT_H
44	68	GYRO_XOUT_L
45	69	GYRO_YOUT_H
46	70	GYRO_YOUT_L
47	71	GYRO_ZOUT_H
48	72	GYRO_ZOUT_L

각 센서의 값은 2바이트 크기를 갖습니다.

04 _ 가속도 자이로 센서 값 읽어보기

여기서는 드론에 부착된 MPU6050 가속도 자이로 센서 값을 있는 그대로 읽어보도록 합니다.

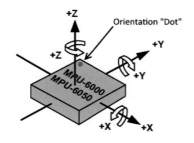

1 다음과 같이 예제를 작성합니다.

```
340.in
01    #include <Wire.h>
02
03    void setup() {
04            Serial.begin(115200);
05
06            Wire.begin();
07            Wire.setClock(400000);
08
09            Wire.beginTransmission(0x68);
10            Wire.write(0x6b);
11            Wire.write(0x0);
12            Wire.endTransmission(true);
13    }
14
15    void loop() {
16            Wire.beginTransmission(0x68);
17            Wire.write(0x3b);
18            Wire.endTransmission(false);
19            Wire.requestFrom((uint16_t)0x68,(uint8_t)14,true);
20
21            int16_t AcXH = Wire.read();
22            int16_t AcXL = Wire.read();
23            int16_t AcYH = Wire.read();
24            int16_t AcYL = Wire.read();
25            int16_t AcZH = Wire.read();
26            int16_t AcZL = Wire.read();
27            int16_t TmpH = Wire.read();
28            int16_t TmpL = Wire.read();
29            int16_t GyXH = Wire.read();
```

```
30        int16_t GyXL = Wire.read();
31        int16_t GyYH = Wire.read();
32        int16_t GyYL = Wire.read();
33        int16_t GyZH = Wire.read();
34        int16_t GyZL = Wire.read();
35
36        int16_t AcX = AcXH <<8 |AcXL;
37        int16_t AcY = AcYH <<8 |AcYL;
38        int16_t AcZ = AcZH <<8 |AcZL;
39        int16_t GyX = GyXH <<8 |GyXL;
40        int16_t GyY = GyYH <<8 |GyYL;
41        int16_t GyZ = GyZH <<8 |GyZL;
42
43        static int cnt_loop;
44        cnt_loop ++;
45        if(cnt_loop%200 !=0) return;
46
47        Serial.printf(" AcX = %6d", AcX);
48        Serial.printf(" | AcY = %6d", AcY);
49        Serial.printf(" | AcZ = %6d", AcZ);
50        Serial.printf(" | GyX = %6d", GyX);
51        Serial.printf(" | GyY = %6d", GyY);
52        Serial.printf(" | GyZ = %6d", GyZ);
53        Serial.println();
54    }
```

01 : Wire.h 헤더 파일을 포함합니다. 이 파일은 I2C 통신을 할 때 필요한 파일입니다. 아두이노 마이크로 프로는 MPU6050 센서와 I2C 통신을 하기 때문에 이 파일이 필요합니다.

04 : Serial의 통신 속도를 115200으로 설정하고 있습니다.

06 : Wire.begin 함수를 호출합니다. Wire.begin 함수는 I2C 통신 기능을 활성화하는 함수입니다.

07 : Wire.setClock 함수를 호출합니다. Wire.setClock 함수는 I2C 통신 속도를 설정하는 함수로 이 예제에서는 400KHz로 설정합니다. 400KHz는 400Kbps의 속도와 같습니다. Wire.SetClock 함수는 100000(standard mode) 또는 400000(fast mode)을 설정 값으로 받을 수 있습니다.

09, 16 : Wire.beginTransmission 함수를 호출합니다. 이 함수는 인자로 주어진 I2C 슬레이브 모듈과 통신을 시작할 때 호출합니다. 여기서는 0x68 번지 값을 갖는 MPU6050과 I2C 통신을 시작하고 있습니다.

10, 11, 17 : Wire.write 함수를 호출합니다. 이 함수는 전송하고자 하는 1 바이트 데이터를 내부 메모리 큐에 저장하는 역할을 합니다.

12, 18 : Wire.endTransmission 함수를 호출하고 있습니다. 이 함수는 Wire.write 함수에 의해 큐에 저장된 하나 이상의 바이트 데이터를 슬레이브 모듈로 보내면서 전송을 끝냅니다.

12 : 인자로 true 값을 넘기고 있습니다. true 값이 인자로 넘어오면 endTransmission 함수는 데이터 전송 후, 정지 메시지를 보내고 I2C 버스의 제어 권을 놓습니다.

18 : 인자로 false 값을 넘기고 있습니다. false 값이 인자로 넘어올 경우에 endTransmission 함수는 데이터 전송 후 통신 재시작 메시지를 보냅니다. 이 경우에는 I2C 버스에 대한 제어 권을 놓지 않습니다. 그래서 19 번 째 줄에서는 Wire.requestFrom 함수를 호출하여 추가적인 데이터를 요구하고 있습니다. Wire.requestFrom 함수에서는 MPU6050(0x68)에게 2 바이트의 데이터를 요구하고 있습니다. 3 번 째 인자로는 false 값을 사용하고 있는데, 이는 데이터 요청 후 정지 메시지를 보내며 I2C의 제어 권을 놓는 것을 의미합니다.

19 : Wire.requestFrom 함수를 호출하고 있습니다. 0x68 번지 값을 갖는 MPU6050에게 14 바이트의 데이터를 요청하고 동시에 true 값을 넘겨 I2C 버스의 제어 권을 놓습니다. ESP32 용 I2C 라이브러리는 주소로 uint16_t, 데이터 개수로 uint8_t의 매개변수를 사용합니다.

09~12 : MPU6050(0x68)으로 0x6b, 0을 보내고 있습니다. 이는 MPU6050의 내부 0x6b 번지를 0으로 설정하여 MPU6050을 깨우게 됩니다. 0x6b 번지에는 PWR_MGMT_1 레지스터가 있습니다. 다음은 PWR_MGMT_1를 나타냅니다.

6B	107	PWR_MGMT_1	R/W	DEVICE_RESET	SLEEP	CYCLE	-	TEMP_DIS	CLKSEL[2:0]

SLEEP 부분이 1로 설정되면 MPU6050은 sleep mode가 되며 반대로 0으로 설정되면 깨어나게 됩니다.

16~19 : MPU6050(0x68)의 내부 0x3b~0x48 번지에 있는 14 바이트 데이터를 요청하고 있습니다. 0x3B 번지는 가속도 자이로 센서 레지스터의 시작 주소를 나타내고 있습니다. 0x3B 번지에는 ACCEL_XOUT_H 레지스터가 있으며, 가속도 센서 X_Accel 값의 상위 바이트가 저장되는 레지스터입니다. 0x3B 번지부터 시작해 총 14 바이트 크기의 레지스터에 가속도 자이로 센서 값과 온도 센서 값이 저장됩니다. 다음 그림을 참조합니다.

각 센서의 값은 16 비트의 크기를 갖습니다.

21~34 : Wire.read() 함수를 이용해 가속도 센서 값, 온도 센서 값, 자이로 센서 값을 읽어내고 있습니다. I2C 통신을 통해서 1 바이트 씩 데이터를 받게 되며, 총 14 바이트의 데이터를 받게 됩니다. 예를 들어, 21,22 줄에서 Wire.read() 함수를 이용해 가속도 센서 X 축 값을 읽어내고 있습니다. I2C 통신을 통해서 1 바이트 씩 데이터를 받게 되며, 총 2 바이트의 데이터를 받게 됩니다. 먼저 온 1 바이트를 AcXH, 나중에 온 1 바이트를 AcXL 변수에 저장합니다.

36 : AcXH의 값을 8비트 왼쪽으로 밀어 상위 8비트의 위치로 놓고, 하위 8비트를 AcXL 값으로 채워 AcX 변수에 저장합니다.

37~41 : 같은 방식으로 AcY, AcZ, GyX, GyY, GyZ 값을 채워넣습니다.

47~52 : 읽어온 센서 값을 출력합니다. %6d는 6자리 십진수로 표현하도록 합니다.

53 : 새 줄을 출력합니다.

43 : 정적 변수 cnt_loop 변수를 선언합니다. 함수 내에 선언된 정적 변수는 함수를 빠져 나가도 유지되는 변수입니다.

44 : loop 함수를 한 번 수행할 때마다 1씩 증가시킵니다.

45 : cnt_loop 값이 200의 배수가 아니면 loop 함수를 빠져나가고, 200의 배수이면 47~53 줄을 수행합니다. 예제에서는 loop 함수를 200번 수행할 때마다 한 번 출력합니다. 출력이 너무 빠르면 200보다 큰 값을, 출력이 너무 느리면 200보다 작은 값을 사용합니다.

2 [툴] 메뉴를 이용하여 보드, 포트를 다음과 같이 선택합니다.

3 드론을 다음과 같이 평평한 지면에 놓습니다.

스케치 업로드 시 가속도 자이로 센서가 초기화되는데 센서를 수평 상태로 초기화하기 위해 평평한 면에 놓는 것입니다.

4 컴파일과 업로드를 수행합니다.

5 업로드가 완료되면, [시리얼 모니터] 버튼을 클릭합니다.

6 시리얼 통신 속도를 115200으로 맞추어 줍니다.

115200 보드레이트 ▾

7 드론을 평평한 지면에 놓은 상태로 시리얼 모니터를 확인해 봅니다.

8 다음과 같이 센서를 테스트합니다.

먼저 가속도 센서를 테스트합니다.

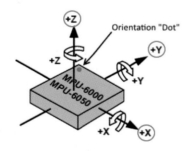

❶ 직선 화살표 +Z를 지면 위를 향하게 할 때 − AcZ : 16384 근처 값

AcX =	-728	AcY =	-148	AcZ =	20712	GyX =	-348	GyY =	350	GyZ =	173
AcX =	-732	AcY =	-208	AcZ =	20696	GyX =	-305	GyY =	273	GyZ =	169
AcX =	-716	AcY =	-216	AcZ =	20776	GyX =	-381	GyY =	279	GyZ =	187
AcX =	-664	AcY =	-224	AcZ =	20752	GyX =	-308	GyY =	262	GyZ =	169
AcX =	-728	AcY =	-152	AcZ =	20820	GyX =	-365	GyY =	313	GyZ =	169

이 경우 +Z가 중력과 반대 방향입니다. 결과 화면에서 AcZ는 20752~20820 값을 갖습니다. 이 값
은 센서를 만드는 과정에서 생성된 오차이며 보정을 통해 사용할 수 있습니다. 독자 여러분의 센서
값은 다를 수 있습니다.

❷ 직선 화살표 +Z를 지면 아래를 향하게 할 때 - AcZ : -16384 근처 값

AcX = 408	AcY = -176	AcZ = -12456	GyX = -349	GyY = 268	GyZ = 155
AcX = 488	AcY = -196	AcZ = -12564	GyX = -326	GyY = 251	GyZ = 174
AcX = 444	AcY = -240	AcZ = -12592	GyX = -347	GyY = 280	GyZ = 170
AcX = 352	AcY = -228	AcZ = -12504	GyX = -362	GyY = 234	GyZ = 183
AcX = 504	AcY = -248	AcZ = -12476	GyX = -329	GyY = 280	GyZ = 168

이 경우 +Z가 중력과 같은 방향입니다. 결과 화면에서 AcZ는 -12592~-12456 값을 갖습니다. 이 값은 센서를 만드는 과정에서 생성된 오차이며 보정을 통해 사용할 수 있습니다. 독자 여러분의 센서값은 다를 수 있습니다.

❸ 직선 화살표 +X를 지면 위를 향하게 할 때 - AcX : 16384 근처 값

AcX = 17080	AcY = -120	AcZ = 3156	GyX = -320	GyY = 268	GyZ = 195
AcX = 17168	AcY = -84	AcZ = 3420	GyX = -361	GyY = 234	GyZ = 186
AcX = 17152	AcY = -76	AcZ = 3448	GyX = -343	GyY = 341	GyZ = 187
AcX = 17060	AcY = -136	AcZ = 3268	GyX = -308	GyY = 239	GyZ = 128
AcX = 16944	AcY = -56	AcZ = 3424	GyX = -330	GyY = 281	GyZ = 166

이 경우 +X가 중력과 반대 방향입니다. 결과 화면에서 AcX는 16944~17168 값을 갖습니다. 이 값은 센서를 만드는 과정에서 생성된 오차이며 보정을 통해 사용할 수 있습니다. 독자 여러분의 센서값은 다를 수 있습니다.

❹ 직선 화살표 +X를 지면 아래를 향하게 할 때 - AcX : -16384 근처 값

AcX = -15808	AcY = 204	AcZ = 3436	GyX = -343	GyY = 327	GyZ = 164
AcX = -15844	AcY = 172	AcZ = 3168	GyX = -329	GyY = 253	GyZ = 182
AcX = -15816	AcY = 268	AcZ = 3424	GyX = -350	GyY = 304	GyZ = 180
AcX = -15832	AcY = 160	AcZ = 3328	GyX = -314	GyY = 263	GyZ = 179
AcX = -15788	AcY = 160	AcZ = 3392	GyX = -341	GyY = 257	GyZ = 165

이 경우 +X가 중력과 같은 방향입니다. 결과 화면에서 AcX는 -15844~-15788 값을 갖습니다. 이 값은 센서를 만드는 과정에서 생성된 오차이며 보정을 통해 사용할 수 있습니다. 독자 여러분의 센서값은 다를 수 있습니다.

❺ 직선 화살표 +Y를 지면 위를 향하게 할 때 - AcY : 16384 근처 값

AcX = 704	AcY = 16316	AcZ = 2992	GyX = -277	GyY = 268	GyZ = 180
AcX = 860	AcY = 16336	AcZ = 3132	GyX = -322	GyY = 234	GyZ = 195
AcX = 664	AcY = 16308	AcZ = 3184	GyX = -376	GyY = 298	GyZ = 173
AcX = 800	AcY = 16380	AcZ = 3204	GyX = -339	GyY = 275	GyZ = 201
AcX = 760	AcY = 16364	AcZ = 3196	GyX = -389	GyY = 268	GyZ = 153

이 경우 +Y가 중력과 반대 방향입니다. 결과 화면에서 AcY는 16308~16380 값을 갖습니다. 이 값은 센서를 만드는 과정에서 생성된 오차이며 보정을 통해 사용할 수 있습니다. 독자 여러분의 센서값은 다를 수 있습니다.

❻ 직선 화살표 +Y를 지면 아래를 향하게 할 때 – AcY : –16384 근처 값

AcX =	520	AcY = –16292	AcZ =	2728	GyX =	–419	GyY =	283	GyZ =	170
AcX =	528	AcY = –16392	AcZ =	2728	GyX =	–341	GyY =	262	GyZ =	184
AcX =	644	AcY = –16260	AcZ =	2332	GyX =	–332	GyY =	319	GyZ =	172
AcX =	672	AcY = –16328	AcZ =	2612	GyX =	–340	GyY =	281	GyZ =	160
AcX =	640	AcY = –16352	AcZ =	2612	GyX =	–311	GyY =	268	GyZ =	164

이 경우 +Y가 중력과 같은 방향입니다. 결과 화면에서 AcY는 –16392~–16260 값을 갖습니다. 이 값은 센서를 만드는 과정에서 생성된 오차이며 보정을 통해 사용할 수 있습니다. 독자 여러분의 센서값은 다를 수 있습니다. 다음은 자이로 센서를 테스트합니다.

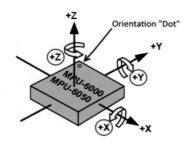

❼ 곡선 화살표 +Z축 +방향 또는 –방향 회전 시킬 때 – GyZ : –32768 ~ 32767

AcX =	–1600	AcY =	–1108	AcZ =	19288	GyX =	404	GyY =	1901	GyZ =	–17380
AcX =	–1212	AcY =	–3476	AcZ =	22924	GyX =	4694	GyY =	–45	GyZ =	–32768
AcX =	1244	AcY =	860	AcZ =	22648	GyX =	5193	GyY =	–3349	GyZ =	–32768
AcX =	–2856	AcY =	3196	AcZ =	22116	GyX =	113	GyY =	1315	GyZ =	745
AcX =	–2636	AcY =	148	AcZ =	23468	GyX =	–5681	GyY =	–2850	GyZ =	32767

드론을 수평 상태에서 방향을 바꾸는 회전입니다. +방향 – 양수, –방향 – 음수

❽ 곡선 화살표 +X축 +방향 또는 –방향 회전 시킬 때 – GyX : –32768 ~ 32767

AcX =	112	AcY =	5524	AcZ =	18212	GyX =	32767	GyY =	1850	GyZ =	–6915
AcX =	1020	AcY =	8416	AcZ =	13780	GyX =	–2316	GyY =	2322	GyZ =	504
AcX =	–2428	AcY =	9092	AcZ =	16960	GyX =	–27436	GyY =	3090	GyZ =	2390
AcX =	–3464	AcY =	–5752	AcZ =	23512	GyX =	–24831	GyY =	–656	GyZ =	4816
AcX =	–3492	AcY =	–8344	AcZ =	17324	GyX =	6880	GyY =	3745	GyZ =	–404

드론을 수평 상태에서 좌우로 기울이는 회전입니다. +방향 – 양수, –방향 – 음수

❾ 곡선 화살표 +Y축 +방향 또는 –방향 회전 시킬 때 – GyY : –32768 ~ 32767

AcX =	–2248	AcY =	–180	AcZ =	21232	GyX =	–6734	GyY =	32767	GyZ =	–4192
AcX =	–3260	AcY =	–620	AcZ =	19304	GyX =	543	GyY =	10169	GyZ =	–2221
AcX =	–4432	AcY =	112	AcZ =	21824	GyX =	5425	GyY =	–32626	GyZ =	4914
AcX =	–2228	AcY =	1148	AcZ =	22056	GyX =	3370	GyY =	–24592	GyZ =	2743
AcX =	–4048	AcY =	–160	AcZ =	20208	GyX =	–8749	GyY =	32767	GyZ =	–4267

드론을 수평 상태에서 전후로 기울이는 회전입니다. +방향 – 양수, –방향 – 음수

※ 센서 테스트 시 이상적으로 가속도 자이로 센서의 값이 0이 나와야 하지만 실제로는 그렇지 않습니다. 이 값들이 0에 가까워 지도록 뒤에서 보정의 과정을 수행합니다.

05 _ 가속도 자이로 센서 값 해석하기

여기서는 MPU6050 센서로부터 전달되는 가속도 자이로 값의 의미를 살펴보려고 합니다.
MPU6050 센서를 통해 얻게 되는 가속도 자이로 센서 값은 16 비트 크기를 갖습니다. 그래서 이전 예제에서 가속도 자이로 센서의 값을 저장했던 AcX, AcY, AcZ, GyX, GyY, GyZ 변수는 int16_t 타입의 16 비트 크기 변수입니다. 16 비트 변수를 통해 표현할 수 있는 숫자는 -32768 ~ 32767 사이의 정수 값입니다. 즉, 최소 -32768에서 최대 32767 사이의 정수 값을 표현할 수 있습니다.

가속도 센서 값 해석하기

가속도 센서를 통해 얻게 되는 값에 대해서 먼저 생각해 보도록 하겠습니다.
AcX, AcY, AcZ는 최저 -32768 ~ 32767 사이의 값을 가질 수 있습니다. 그러면 이 값들은 무엇을 의미할까요? 다음 표를 통해 그 의미를 알아보도록 하겠습니다.

AFS_SEL 레지스터 값	최대 표현 범위	g당 가속도 센서 값
0	±2g	16384/g
1	±4g	8192/g
2	±8g	4096/g
3	±16g	2048/g

AFS_SEL는 MPU6050 센서 내부의 레지스터입니다. 이 레지스터 값에 따라 센서 값의 의미는 달라집니다. 예를 들어, AFS_SEL의 값이 0으로 설정되어 있을 때에는 -32768 ~ 32767 사이의 값은 -2g ~ +2g 사이의 값을 의미합니다. 여기서 g는 중력 가속도를 나타냅니다. 즉, -32768은 -2g, 32767은 +2g를 의미합니다.

그러면 1g는 얼마일까요? 바로 16384가 됩니다. AFS_SEL 레지스터의 기본 설정 값은 0이며, 우리는 현재 이 값을 사용하고 있습니다. 그래서 드론을 수평으로 놓은 상태에서는 AcZ의 값이 16384 근처의 값이 나오게 됩니다. 센서의 위치에 따라 오차는 있을 수 있습니다.

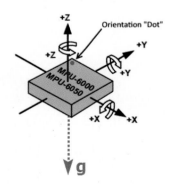

그림에서 직선 화살표 +Z가 중력 가속도 g와 반대 방향일 때 AcZ의 값은 g에 해당하는 크기의 양수 값을 갖게 됩니다. 즉, 16384 값을 갖습니다. 반대로 +Z가 중력 가속도 g와 같은 방향일 때 AcZ의 값은 g에 해당하는 크기의 음수 값을 갖게 됩니다. 즉, −16384 값을 갖습니다. +X, +Y도 마찬가지 입니다. 그러면 AcZ가 32767 값을 갖는 경우는 어떤 경우일까요? 다음 그림을 보면서 이해해 보도록 하겠습니다.

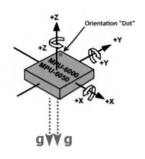

그림에서 직선 화살표 +Z 반대 방향으로 2g 이상의 가속도가 생길 때 AcZ의 값은 2g에 해당하는 크기의 양수 값을 갖게 됩니다. 즉, 32767 값을 갖습니다. 센서를 지면에 수평 상태로 중력 가속도 방향으로 g 만큼의 가속도를 주게 되면 AcZ의 값은 32767 값을 갖게 됩니다.
AcZ가 −32768의 값을 갖는 경우에 대해서도 생각해 보겠습니다. 다음 그림을 보면서 이해해 보도록 하겠습니다.

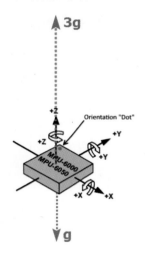

센서를 지면에 수평 상태로 둔 채, 직선 화살표 +Z 방향으로 3g에 해당하는 가속도를 주게 되면 중력 가속도 g와 상쇄된 후, 2g에 해당하는 가속도가 +Z 방향으로 작용하게 됩니다. 가속도의 방향과 +Z 축의 방향이 같으므로, AcZ 값은 −2g에 해당하는 값을 갖게 됩니다. 즉, AcZ의 값은 −32768의 값을 갖습니다. +X, +Y도 마찬가지입니다.

자이로 센서 값 해석하기

다음은 자이로 센서를 통해 얻게 되는 값에 대해서 생각해 보도록 하겠습니다.

GyX는 최저 -32768 ~ 32767 사이의 값을 가질 수 있습니다. 그러면 이 값들은 무엇을 의미할까요? 다음 표를 통해 그 의미를 알아보도록 하겠습니다.

FS_SEL 레지스터 값	최대 표현 범위	°/s 당 자이로 센서 값
0	± 250 °/s	131/°/s
1	± 500 °/s	65.5/°/s
2	± 1000 °/s	32.8/°/s
3	± 2000 °/s	16.4/°/s

FS_SEL는 MPU6050 센서 내부의 레지스터입니다. 이 레지스터 값에 따라 센서 값의 의미는 달라집니다. 예를 들어, FS_SEL의 값이 0으로 설정되어 있을 때에는 -32768 ~ 32767 사이의 값은 -250°/s ~ +250°/s 사이의 값을 의미합니다. 여기서 °/s는 각속도를 나타냅니다. 즉, -32768은 -250°/s, 32767은 +250°/s를 의미합니다. 다음 그림을 보면서 좀 더 이해해 보도록 하겠습니다.

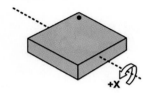

그림에서 곡선 축 +X 방향으로 1초 동안 일정한 회전 속도(각속도)로 250도 회전했을 때, GyX의 값은 1초 동안 계속해서 250°/s에 해당하는 크기의 양수 값을 갖게 됩니다. 즉, 1초 동안 계속해서 32767 값을 유지하게 됩니다. 반대로 곡선 축 +X 반대 방향으로 1초 동안 일정한 회전 속도로 250도 회전했을 때, GyX의 값은 1초 동안 계속해서 250°/s에 해당하는 크기의 음수 값을 갖게 됩니다. 즉, 1초 동안 계속해서 -32768 값을 유지하게 됩니다. +Y, +Z도 마찬가지입니다.

그러면 곡선 축 +X 방향으로 1초 동안 일정한 회전 속도로 1도 회전했을 때, GyX는 어떤 값을 유지하고 있을까요? 다음 식을 보면서 이해해 보도록 합니다.

250°/s = 32767 이므로 1°/s = (32767/250) = 131

1초 동안 250도 회전할 경우에 GyX의 값이 32767이라면, 1초 동안 1도 회전할 경우의 GyX는 (32768/250) 값을 유지하게 됩니다. 이 값은 바로 131입니다.

FS_SEL 레지스터의 기본 설정 값은 0이며, 우리는 현재 이 값을 사용하고 있습니다.

250°/s는 생각보다 빠르지는 않은 속도입니다. 1 초 동안 한 바퀴를 돌지 못하는 회전 속도이기 때문입니다.

자이로 센서를 지면에 둔 상태로 시계의 초침과 같은 속도와 방향으로 자이로 센서가 수평 회전하는 경우를 생각해 보도록 하겠습니다.

 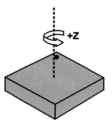

시계의 초침의 경우엔 360°/60s이므로 6°/s의 각속도를 갖게 됩니다. 또 시계 방향(곡선 축 +Z 반대 방향)으로 회전을 하게 됩니다. 따라서 GyZ의 값은 6°/s에 해당하는 크기의 음수 값을 갖게 됩니다. 다음 식을 통해 GyZ의 값을 정해 보도록 하겠습니다.

1°/s == 131 이므로 6°/s == 131x6 == 786

즉, 자이로 센서가 시계의 초침과 같은 속도로 반시계 방향(곡선 축 +Z 방향)으로 회전할 경우에 GyZ의 레지스터 값은 −786 값이 되게 됩니다.

그러면 자이로 센서가 다음과 같은 조건으로 회전했을 경우 1 초 후에 몇 도 회전해 있을까요?

곡선 축 +Z 방향으로 회전하는 경우

0.0~0.1 초 동안 1°/s
0.1~0.2 초 동안 2°/s
0.2~0.3 초 동안 3°/s
0.3~0.4 초 동안 4°/s
0.4~0.5 초 동안 5°/s
0.5~0.6 초 동안 6°/s
0.6~0.7 초 동안 7°/s
0.7~0.8 초 동안 8°/s
0.8~0.9 초 동안 9°/s
0.9~1.0 초 동안 10°/s

다음과 같이 계산합니다.

```
0.0~0.1 초 동안 1°/s = 1°/s × 0.1s = 0.1°
0.1~0.2 초 동안 2°/s = 2°/s × 0.1s = 0.2°
0.2~0.3 초 동안 3°/s = 3°/s × 0.1s = 0.3°
0.3~0.4 초 동안 4°/s = 4°/s × 0.1s = 0.4°
0.4~0.5 초 동안 5°/s = 5°/s × 0.1s = 0.5°
0.5~0.6 초 동안 6°/s = 6°/s × 0.1s = 0.6°
0.6~0.7 초 동안 7°/s = 7°/s × 0.1s = 0.7°
0.7~0.8 초 동안 8°/s = 8°/s × 0.1s = 0.8°
0.8~0.9 초 동안 9°/s = 9°/s × 0.1s = 0.9°
0.9~1.0 초 동안 10°/s = 10°/s × 0.1s = 1.0°
```

1.0 초 후에는 최초 위치로부터 좌측으로 5.5° 회전해 있게 됩니다.

이 방법을 사용하면 각속도와 자이로 센서 측정 주기 시간을 이용해 자이로 센서가 회전한 각도를 구할 수 있습니다.

자이로 센서는 각속도를 측정합니다. 그래서 곡선 축 +X, +Y, +Z 방향을 기준으로 각속도(w)를 측정해 측정 주기 시간(Δt)과 곱해서 변화된 각을 계산할 수 있습니다. 변화 각은 다음과 같습니다.

$\Delta \theta = w \times \Delta t$ ($\Delta \theta$: 미세 회전 각도 , w : 회전 각속도 , Δt : 주기)

새로운 방향각은 이전 각에 이 변화된 각을 더해 얻어집니다. 현재 각도를 구하는 식은 다음과 같습니다.

$\theta_{now} = \theta_{prev} + w \times \Delta t$ (θ_{nou} : 현재 각도, θ_{prev} : 이전 각도)

즉, 많은 미세 변화 각($\Delta \theta$)을 누적하여 현재의 각도를 구할 수 있습니다.

우리는 뒤에서 각속도와 자이로 센서 측정 주기 시간을 이용해 드론이 회전한 각도를 구하게 되는데, 여기서 계산한 방식으로 구하게 됩니다. 따라서 이 방법을 기억하기 바랍니다.

06 _ 가속도 자이로 센서 특성 이해하기

우리는 뒤에서 가속도 자이로 센서 값에 따라 세 가지 방식으로 Roll, Pitch, Yaw의 각도를 구하는 스케치를 작성합니다. 먼저 자이로 센서 값을 기준으로 Roll, Pitch, Yaw의 각도를 구하고, 다음으로 가속도 센서 값을 기준으로 Roll, Pitch, Yaw의 각도를 구합니다. 마지막으로 두 센서 값에 대해 상보 필터를 적용해 Roll, Pitch, Yaw의 각도를 구합니다.

본격적으로 Roll, Pitch, Yaw의 각도를 구하는 스케치를 작성하기 전에 YouTube에서 가속도 자이로 센서에 대한 테스트 동영상 하나를 시청하고, 각 센서의 특성을 이해해 보도록 합니다.

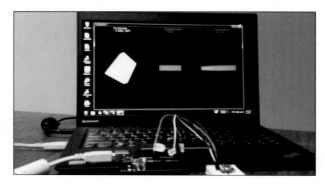

1 다음과 같이 [geekmomprojects mpu6050]을 검색합니다.

2 다음 사이트를 찾습니다.

3 다음과 같은 동영상을 시청합니다.

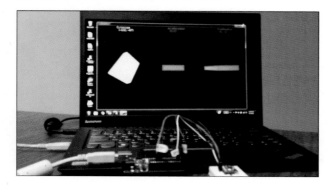

4 동영상에 대한 소개를 간단히 드리도록 하겠습니다.

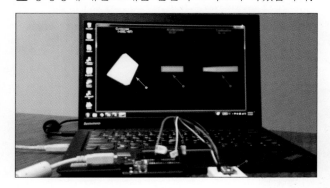

중간에 파란 도형은 가속도 센서를 이용해 도형의 Roll, Pitch, Yaw를 표시하고 있습니다. 정지해 있을 때에는 아주 안정적으로 올바른 방향을 표시합니다. 그러나 도형을 흔들거나 회전시키는 순간에는 아주 민감하게 반응하는 것을 볼 수 있습니다. 짧은 순간에 반복적으로 발생하는 진동에 대해서는 노이즈가 심하게 발생하나 오랜 시간에 걸쳐 계산된 평균값은 아주 정확합니다.

왼쪽에 노란 도형은 자이로 센서를 이용해 도형의 Roll, Pitch, Yaw를 표시하고 있습니다. 도형을 회전시키는 순간에는 움직임을 아주 정확하게 표시하는 것을 볼 수 있습니다. 그러나 시간이 흐를수록 정확하지 않은 방향을 표시합니다. 이런 현상은 자이로 센서 자체에 의 해 발생하기 보다는 각속도와 센서 입력 주기를 곱해 적분하는 과정에서 필연적으로 발생하는 누적 오차에 의해 발생합니다.

오른쪽에 초록색 도형은 가속도 센서와 자이로 센서의 두 값을 조합한 상보 필터를 이용해 도형의 Roll, Pitch, Yaw를 표시하고 있습니다. 두 센서의 장점을 취하면서 도형을 흔들거나 회전시키는 순간에도 정확한 움직임과 방향을 표시합니다. 또 시간이 흘러도 정확한 방향을 표시합니다.

07 _ 센서 특성과 상보 필터의 구조

여기서는 앞에서 동영상으로 시청했던 가속도 자이로 센서의 특성과 상보필터의 구조에 대해 자세히 살펴보겠습니다.

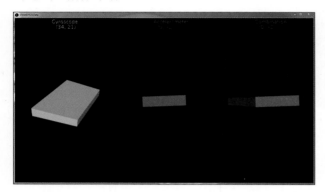

그림에서 가운데에 있는 파란색 도형은 가속도 센서로부터 전달된 정보로 Roll, Pitch, Yaw를 표현해 줍니다. 가속도 센서는 정적인 상태에서 중력 가속도의 힘만 받을 경우에는 정확한 방향각을 제공합니다. 그러나 센서를 움직이거나 회전시킬 때 우리는 센서에 힘을 가하게 됩니다. 가속도 센서는 이러한 힘에 아주 민감하게 반응합니다. 그래서 다음과 같이 노이즈 형태의 불안정한 값을 내보냅니다.

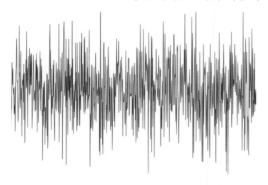

특히 모터의 회전에서 발생하는 고속의 미세 움직임이 있을 경우 가속도 센서는 아주 불안정한 값을 내보냅니다. 그러나 노이즈 파형의 미세 주기보다 충분히 긴 시간을 주기로 불안정한 값들의 평균을 낼 수 있다면, 가속도 센서는 정확한 결과를 제공합니다. 다음 그림을 참조합니다.

왼쪽에 있는 노란색 도형은 자이로 센서로부터 전달된 정보로 Roll, Pitch, Yaw를 표현해 줍니다. 자이로 센서는 각속도를 측정합니다. 방향각 자체를 측정하진 않습니다. 그래서 방향각을 계산하기 위해서는 먼저 센서의 방향각을 초기화해 주어야 합니다. 초기 방향각은 가속도 센서로부터 얻을 수 있습니다. 그리고 곡선 +X, +Y, +Z 축에 대한 각속도를 측정해 측정 주기 시간과 곱해서 변화된 각을 계산해 냅니다. 변화 각은 다음과 같습니다.

$\Delta\theta = w \times \Delta t$ ($\Delta\theta$: 미세 회전 각도 , w : 회전 각속도 , Δt : 주기)

새로운 방향각은 이전 각에 이 변화된 각을 더해 얻어집니다. 다음과 같습니다.

$\theta_{now} = \theta_{prev} + w \times \Delta t$ (θ_{nou} : 현재 각도, θ_{prev} : 이전 각도)

여기서 우리는 방향각을 찾기 위해 적분을 하고 있습니다. 즉, 많은 미세 변화 각($\Delta\theta$)을 누적하고 있습니다. 그런데 여기서 문제가 발생합니다. 반복적으로 누적하는 과정에서 작은 오차들도 쌓이게 되며 결과적으로 오차는 시간이 흐를 수록 커지게 됩니다. 이것은 자이로 센서 표류의 원인이 됩니다. 그래서 시간이 흐를수록 자이로 센서를 통해 계산된 방향각은 점점 더 부정확해집니다.

결과적으로 가속도 센서는 긴 시간에 걸쳐서는 정확한 데이터를 제공하지만 짧은 시간에 대해서는 불안정한 값을 주고, 자이로 센서는 짧은 시간에 대해서는 변화된 방향에 대한 정확한 데이터를 제공하지만 오랜 시간에 걸친 적분에 의해 방향에 대한 표류가 발생합니다.

오른쪽에 있는 초록색 도형은 가속도 센서 값과 자이로 센서 값을 조합해 Roll, Pitch, Yaw를 표현해 줍니다. 두 센서의 값을 조합하는 표준 방법은 칼만 필터입니다. 그러나 이 방법은 아주 복잡합니다. 다행스럽게도 상보 필터라고 하는 좀 더 간단한 방법이 있습니다. 초록색 도형의 경우 상보 필터를 이용하여 가속도 자이로 센서 값을 조합해 Roll, Pitch, Yaw를 표현해 주고 있습니다. 상보 필터란 가속도 자이로 상호 보완 필터를 의미합니다. 가속도 자이로 센서 값을 조합하기 위한 상보 필터 근사 공식은 다음과 같습니다.

$$필터각도_{now} = \alpha \times (필터각도_{prev} + 각도_{guro}) + (1-\alpha) \times 각도_{accel}$$

$$각도_{guro} = \omega \times \Delta t$$
$$\alpha = \frac{\tau}{\tau + \Delta t}$$

여기서 Δt 는 센서 입력 주기, τ 는 가속도 센서 노이즈 파형의 주기보다 큰 시간 상수입니다. 초록색 도형의 경우 센서 입력 주기(Δt)를 약 0.04, 그리고 시간 상수(τ)를 1초로 계산해 $\alpha \approx 0.96$ 으로 계산하였습니다. 결과적으로 초록색 도형은 정적인 경우와 동적인 경우 모두 아주 정확한 Roll, Pitch, Yaw를 보여주고 있습니다.

08 _ 센서 값 보정하기

움직임이 없는 상태에서 가속도, 자이로 센서 값은 이상적으로 0이 나와야 합니다. 그러나 실제로는 0에서 어느 정도 떨어진 값을 기준으로 흔들리는 값이 흘러나옵니다. 그래서 우리는 이 값의 평균값을 구한 후, 가속도, 자이로 센서 값에서 빼 주어야 합니다. 이렇게 하면 0 또는 16384 값을 기준으로 흔들리는 값을 구할 수 있습니다.

여기서는 가속도, 자이로 센서를 수평 상태로 둔 상태에서 센서에서 흘러나오는 값을 일정 횟수 더하고 나누어 평균 오차 값을 구해 가속도, 자이로 센서 값을 보정해 봅니다.

1 다음과 같이 예제를 수정합니다. 340.ino 예제를 복사하여 수정합니다.

```
380.ino
01      #include <Wire.h>
02
03      void setup() {
04              Serial.begin(115200);
05
06              Wire.begin();
07              Wire.setClock(400000);
08
09              Wire.beginTransmission(0x68);
10              Wire.write(0x6b);
11              Wire.write(0x0);
12              Wire.endTransmission(true);
13      }
14
15      void loop() {
16              Wire.beginTransmission(0x68);
17              Wire.write(0x3B);
18              Wire.endTransmission(false);
19              Wire.requestFrom((uint16_t)0x68,(uint8_t)14,true);
20
21              int16_t AcXH = Wire.read();
22              int16_t AcXL = Wire.read();
23              int16_t AcYH = Wire.read();
24              int16_t AcYL = Wire.read();
25              int16_t AcZH = Wire.read();
26              int16_t AcZL = Wire.read();
27              int16_t TmpH = Wire.read();
28              int16_t TmpL = Wire.read();
29              int16_t GyXH = Wire.read();
30              int16_t GyXL = Wire.read();
31              int16_t GyYH = Wire.read();
32              int16_t GyYL = Wire.read();
33              int16_t GyZH = Wire.read();
```

```
34          int16_t GyZL = Wire.read();
35
36          int16_t AcX = AcXH <<8 |AcXL;
37          int16_t AcY = AcYH <<8 |AcYL;
38          int16_t AcZ = AcZH <<8 |AcZL;
39          int16_t GyX = GyXH <<8 |GyXL;
40          int16_t GyY = GyYH <<8 |GyYL;
41          int16_t GyZ = GyZH <<8 |GyZL;
42
43          static int32_t AcXSum =0, AcYSum =0, AcZSum =0;
44          static int32_t GyXSum =0, GyYSum =0, GyZSum =0;
45          static double AcXOff =0.0, AcYOff =0.0, AcZOff =0.0;
46          static double GyXOff =0.0, GyYOff =0.0, GyZOff =0.0;
47          static int cnt_sample =1000;
48          if(cnt_sample >0) {
49                  AcXSum += AcX; AcYSum += AcY; AcZSum += AcZ;
50                  GyXSum += GyX; GyYSum += GyY; GyZSum += GyZ;
51                  cnt_sample --;
52                  if(cnt_sample ==0) {
53                          AcXOff = AcXSum /1000.0;
54                          AcYOff = AcYSum /1000.0;
55                          AcZOff = AcZSum /1000.0;
56                          GyXOff = GyXSum /1000.0;
57                          GyYOff = GyYSum /1000.0;
58                          GyZOff = GyZSum /1000.0;
59                  }
60                  delay(1);
61                  return;
62          }
63
64          double AcXD = AcX - AcXOff;
65          double AcYD = AcY - AcYOff;
66          double AcZD = AcZ - AcZOff +16384;
67
68          double GyXD = GyX - GyXOff;
69          double GyYD = GyY - GyYOff;
70          double GyZD = GyZ - GyZOff;
71
72          static int cnt_loop;
73          cnt_loop ++;
74          if(cnt_loop%200 !=0) return;
75
76          Serial.printf(" AcX = %8.1f ", AcXD);
77          Serial.printf(" | AcY = %8.1f ", AcYD);
78          Serial.printf(" | AcZ = %8.1f ", AcZD);
79          Serial.printf(" | GyX = %8.1f ", GyXD);
80          Serial.printf(" | GyY = %8.1f ", GyYD);
81          Serial.printf(" | GyZ = %8.1f ", GyZD);
82          Serial.println();
83
84  }
```

43 : AcX, AcY, AcZ 값을 1000번 더해 저장할 변수 AcXSum, AcYSum, AcZSum을 선언한 후, 각각 0으로 초기화합니다. static으로 선언하여 loop 함수를 빠져나가도 변수의 값이 유지되도록 합니다. 지역 변수에 static 속성을 주면 전역 변수와 같은 공간에 놓이지만 변수가 선언된 함수 내에서만 볼 수 있게 됩니다. AcXSum, AcYSum, AcZSum 변수는 int32_t 형으로 선언하여 32비트 공간의 크기를 갖도록 합니다.

44 : GyX, GyY, GyZ 값을 1000번 더해 저장할 변수 GyXSum, GyYSum, GyZSum을 선언한 후, 각각 0으로 초기화합니다. static으로 선언하여 loop 함수를 빠져나가도 변수의 값이 유지되도록 합니다. 지역 변수에 static 속성을 주면 전역 변수와 같은 공간에 놓이지만 변수가 선언된 함수 내에서만 볼 수 있게 됩니다. GyXSum, GyYSum, GyZSum 변수는 int32_t 형으로 선언하여 32비트 공간의 크기를 갖도록 합니다.

46 : AcX, AcY, AcZ의 평균값을 저장할 변수 AcXOff, AcYOff, AcZOff를 선언한 후, 0.0으로 초기화합니다. static 속성을 주어 전역 변수와 같은 공간에 놓아 그 값을 유지하도록 합니다. AcXOff, AcYOff, AcZOff 변수는 double 형으로 선언하여 AcX, AcY, AcZ의 평균값의 소수점 이하 부분도 저장할 수 있도록 합니다.

47 : GyX, GyY, GyZ의 평균값을 저장할 변수 GyXOff, GyYOff, GyZOff를 선언한 후, 0.0으로 초기화합니다. static 속성을 주어 전역 변수와 같은 공간에 놓아 그 값을 유지하도록 합니다. GyXOff, GyYOff, GyZOff 변수는 double 형으로 선언하여 GyX, GyY, GyZ의 평균값의 소수점 이하 부분도 저장할 수 있도록 합니다.

48 : 가속도 자이로 센서의 평균값을 구하기 위해 가속도 자이로 센서 값을 읽어올 횟수를 저장할 변수 cnt_sample 변수를 선언한 후, 1000으로 초기화합니다. 이 부분은 53~58줄에 있는 1000.0과 크기가 같아야 합니다.

48 : cnt_sample 값이 0보다 크면

49 : AcXSum, AcYSum, AcZSum 값에 각각 AcX, AcY, AcZ 값을 더해주고,

50 : GyXSum, GyYSum, GyZSum 값에 각각 GyX, GyY, GyZ 값을 더해주고,

51 : cnt_sample 값을 하나 감소시킵니다.

52 : cnt_sample 값이 0이 되면

53~55 : AcXOff, AcYOff, AcZOff 값을 각각 AcXSum/1000.0, AcYSum/1000.0, AcZSum/1000.0 값으로 설정하고,

56~58 : GyXOff, GyYOff, GyZOff 값을 각각 GyXSum/1000.0, GyYSum/1000.0, GyZSum/1000.0 값으로 설정합니다.

60 : 1밀리 초 지연을 줍니다.

61 : loop 함수를 빠져 나갑니다. 이 부분에 의해 AcXOff, AcYOff, AcZOff, GyXOff, GyYOff, GyZOff 값을 구하기 전까지는 64 번째 줄 이후를 수행하지 않습니다.

64 : AcXD 실수 변수를 선언한 후, AcX에서 AcXOff 값을 뺀 값을 넣어줍니다. 이렇게 하면 AcXD 변수는 0에 가까운 값을 갖게 됩니다.

65 : AcYD 실수 변수를 선언한 후, AcY에서 AcYOff 값을 뺀 값을 넣어줍니다. 이렇게 하면 AcYD 변수는 0에 가까운 값을 갖게 됩니다.

66 : AcZD 실수 변수를 선언한 후, AcZ에서 AcZOff 값을 빼고, 16384을 더한 값을 넣어줍니다. 이렇게 하면 AcZD 변수는 16384에 가까운 값을 갖게 됩니다.

68 : GyXD 실수 변수를 선언한 후, GyX에서 GyXOff 값을 뺀 값을 넣어줍니다. 이렇게 하면 GyXD 변수는 0에 가까운 값을 갖게 됩니다.

69 : GyYD 실수 변수를 선언한 후, GyY에서 GyYOff 값을 뺀 값을 넣어줍니다. 이렇게 하면 GyYD 변수는 0에 가까운 값을 갖게 됩니다.

70 : GyZD 실수 변수를 선언한 후, GyZ에서 GyZOff 값을 뺀 값을 넣어줍니다. 이렇게 하면 GyZD 변수는 0에 가까운 값을 갖게 됩니다.

76~81 : 보정된 센서 값을 출력합니다. %8.1f는 8자리 소수. 소수점 이하 1자리까지로 표시하도록 합니다.

82 : 새 줄을 출력합니다.

2 드론을 다음과 같이 평평한 지면에 놓습니다.

스케치 업로드 시 자이로 센서가 초기화되므로 센서를 수평 상태로 초기화하기 위해 평평한 면에 놓는 것입니다.

3 컴파일과 업로드를 수행한 후 [시리얼 모니터] 버튼을 클릭합니다.

4 시리얼 모니터 창이 뜨면, 우측 하단에서 통신 속도를 115200으로 맞춰줍니다.

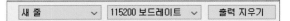

5 드론을 평평한 지면에 놓은 상태로 시리얼 모니터를 확인해 봅니다.

다음은 보정된 가속도 자이로 센서 값에 대한 결과화면입니다.

```
AcX =     23.5 | AcY =     -7.6 | AcZ = 16304.9 | GyX =    13.0 | GyY =  -23.8 | GyZ =   28.2
AcX =    115.5 | AcY =    -87.6 | AcZ = 16408.9 | GyX =    21.0 | GyY =   10.2 | GyZ =   52.2
AcX =    -32.5 | AcY =   -103.6 | AcZ = 16372.9 | GyX =    18.0 | GyY =  -20.8 | GyZ =   38.2
AcX =     35.5 | AcY =    -31.6 | AcZ = 16220.9 | GyX =    37.0 | GyY =   15.2 | GyZ =   37.2
AcX =      3.5 | AcY =    -63.6 | AcZ = 16400.9 | GyX =   -32.0 | GyY =  -14.8 | GyZ =   35.2
```

보정된 센서 값이 처음보다 0 또는 16384에 가까운 값으로 출력되는 것을 볼 수 있습니다.

09 _ 주기 시간 계산하기

자이로 센서를 이용하여 회전 각도를 구할 경우엔 다음과 같이 회전 각속도에 주기 시간을 곱해 회전 각도를 구하게 됩니다.

$$\Delta\theta = w \times \Delta t \quad (\Delta\theta : \text{미세 회전 각도}, \ w : \text{회전 각속도}, \ \Delta t : \text{주기})$$

이 과정에서 시간 간격에 대한 정보가 필요합니다.
여기서는 주기 시간을 구해 봅니다.

❶ 다음과 같이 예제를 수정합니다. 380.ino 예제를 복사하여 수정합니다.

```
390.ino
01    #include <Wire.h>
02
03    void setup() {
04            Serial.begin(115200);
05
06            Wire.begin();
07            Wire.setClock(400000);
08
09            Wire.beginTransmission(0x68);
10            Wire.write(0x6b);
11            Wire.write(0x0);
12            Wire.endTransmission(true);
13    }
14
15    void loop() {
16            Wire.beginTransmission(0x68);
17            Wire.write(0x3B);
18            Wire.endTransmission(false);
19            Wire.requestFrom((uint16_t)0x68,(uint8_t)14,true);
20
21            int16_t AcXH = Wire.read();
22            int16_t AcXL = Wire.read();
23            int16_t AcYH = Wire.read();
24            int16_t AcYL = Wire.read();
25            int16_t AcZH = Wire.read();
26            int16_t AcZL = Wire.read();
27            int16_t TmpH = Wire.read();
28            int16_t TmpL = Wire.read();
29            int16_t GyXH = Wire.read();
30            int16_t GyXL = Wire.read();
31            int16_t GyYH = Wire.read();
```

```
32            int16_t GyYL = Wire.read();
33            int16_t GyZH = Wire.read();
34            int16_t GyZL = Wire.read();
35
36            int16_t AcX = AcXH <<8 |AcXL;
37            int16_t AcY = AcYH <<8 |AcYL;
38            int16_t AcZ = AcZH <<8 |AcZL;
39            int16_t GyX = GyXH <<8 |GyXL;
40            int16_t GyY = GyYH <<8 |GyYL;
41            int16_t GyZ = GyZH <<8 |GyZL;
42
43            static int32_t AcXSum =0, AcYSum =0, AcZSum =0;
44            static int32_t GyXSum =0, GyYSum =0, GyZSum =0;
45            static double AcXOff =0.0, AcYOff =0.0, AcZOff =0.0;
46            static double GyXOff =0.0, GyYOff =0.0, GyZOff =0.0;
47            static int cnt_sample =1000;
48            if(cnt_sample >0) {
49                    AcXSum += AcX; AcYSum += AcY; AcZSum += AcZ;
50                    GyXSum += GyX; GyYSum += GyY; GyZSum += GyZ;
51                    cnt_sample --;
52                    if(cnt_sample ==0) {
53                            AcXOff = AcXSum /1000.0;
54                            AcYOff = AcYSum /1000.0;
55                            AcZOff = AcZSum /1000.0;
56                            GyXOff = GyXSum /1000.0;
57                            GyYOff = GyYSum /1000.0;
58                            GyZOff = GyZSum /1000.0;
59                    }
60                    delay(1);
61                    return;
62            }
63
64            double AcXD = AcX - AcXOff;
65            double AcYD = AcY - AcYOff;
66            double AcZD = AcZ - AcZOff +16384;
67
68            double GyXD = GyX - GyXOff;
69            double GyYD = GyY - GyYOff;
70            double GyZD = GyZ - GyZOff;
71
72            static unsigned long t_prev =0;
73            unsigned long t_now = micros();
74            double dt = (t_now - t_prev)/1000000.0;
75            t_prev = t_now;
76
77            static int cnt_loop;
```

```
78              cnt_loop ++;
79              if(cnt_loop%200 !=0) return;
80
81              Serial.printf(" dt = %8.6f ", dt);
82              Serial.println();
83
84        }
```

74 : 자이로 센서를 읽는 시간 간격을 저장할 변수 dt를 double(실수형)로 선언합니다.

72 : t_prev 변수를 선언하여 바로 전에 센서를 읽은 시간을 저장합니다.

73 : micros 함수를 호출해 센서 값을 측정한 현재 시간을 t_now 변수에 저장합니다.

74 : t_now에서 t_prev 값을 뺀 후, 1000000.0으로 나누어 초 단위로 변환한 후, dt 값에 저장합니다.

75 : t_prev 변수를 현재 시간으로 수정해 줍니다.

81 : dt 값을 출력합니다. %8.6f는 8자리 소수. 소수점 이하 6자리까지로 표시하도록 합니다.

82 : 새 줄을 출력합니다.

2 컴파일과 업로드를 수행한 후 [시리얼 모니터] 버튼을 클릭합니다.

3 시리얼 모니터 창이 뜨면, 우측 하단에서 통신 속도를 115200으로 맞춰줍니다.

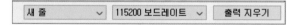

4 시리얼 모니터 창을 이용해 결과를 확인합니다.

다음은 주기 시간에 대한 결과화면입니다.

```
dt = 0.000489
dt = 0.000488
dt = 0.000489
dt = 0.000488
dt = 0.000489
```

현재 상태에서 주기 시간은 약 0.000488~0.000489초, 즉, 0.488~0.489ms가 됩니다.

10 _ 자이로 센서로 각도 구하기

이제 자이로 센서를 처리해 Roll, Pitch, Yaw의 각도를 구하는 루틴을 추가해 보도록 하겠습니다. 회전 속도(=각속도)는 자이로 센서가 곡선 X, Y, Z 방향으로 회전 시 초당 도는 각도를 나타냅니다. 보정된 자이로 값을 131로 나누면 360도 각도 기준의 회전 각속도를 구할 수 있습니다. 회전 각속도 해석 방법에 대한 자세한 내용은 [자이로 센서 값 해석하기] 단원을 참고합니다.

다음 식은 회전 각속도 값을 이용하여 회전 각도를 구하는 식입니다.

$\Delta\theta = w \times \Delta t$ ($\Delta\theta$: 미세 회전 각도 , w : 회전 각속도 , Δt : 주기)

$\theta_{now} = \theta_{prev} + w \times \Delta t$ (θ_{nou} : 현재 각도, θ_{prev} : 이전 각도)

여기서는 회전 속도(=각속도)와 바로 전에 구한 주기 값을 이용하여 회전 각도를 구해 봅니다.

1 다음과 같이 예제를 수정합니다. 390.ino 예제를 복사하여 수정합니다.

```
3100.ino
01    #include <Wire.h>
02
03    void setup() {
04            Serial.begin(115200);
05
06            Wire.begin();
07            Wire.setClock(400000);
08
09            Wire.beginTransmission(0x68);
10            Wire.write(0x6b);
11            Wire.write(0x0);
12            Wire.endTransmission(true);
13    }
14
15    void loop() {
16            Wire.beginTransmission(0x68);
17            Wire.write(0x3B);
18            Wire.endTransmission(false);
19            Wire.requestFrom((uint16_t)0x68,(uint8_t)14,true);
20
21            int16_t AcXH = Wire.read();
22            int16_t AcXL = Wire.read();
23            int16_t AcYH = Wire.read();
24            int16_t AcYL = Wire.read();
25            int16_t AcZH = Wire.read();
26            int16_t AcZL = Wire.read();
27            int16_t TmpH = Wire.read();
```

```
28          int16_t TmpL = Wire.read();
29          int16_t GyXH = Wire.read();
30          int16_t GyXL = Wire.read();
31          int16_t GyYH = Wire.read();
32          int16_t GyYL = Wire.read();
33          int16_t GyZH = Wire.read();
34          int16_t GyZL = Wire.read();
35
36          int16_t AcX = AcXH <<8 |AcXL;
37          int16_t AcY = AcYH <<8 |AcYL;
38          int16_t AcZ = AcZH <<8 |AcZL;
39          int16_t GyX = GyXH <<8 |GyXL;
40          int16_t GyY = GyYH <<8 |GyYL;
41          int16_t GyZ = GyZH <<8 |GyZL;
42
43          static int32_t AcXSum =0, AcYSum =0, AcZSum =0;
44          static int32_t GyXSum =0, GyYSum =0, GyZSum =0;
45          static double AcXOff =0.0, AcYOff =0.0, AcZOff =0.0;
46          static double GyXOff =0.0, GyYOff =0.0, GyZOff =0.0;
47          static int cnt_sample =1000;
48      if(cnt_sample >0) {
49              AcXSum += AcX; AcYSum += AcY; AcZSum += AcZ;
50              GyXSum += GyX; GyYSum += GyY; GyZSum += GyZ;
51              cnt_sample --;
52              if(cnt_sample ==0) {
53                      AcXOff = AcXSum /1000.0;
54                      AcYOff = AcYSum /1000.0;
55                      AcZOff = AcZSum /1000.0;
56                      GyXOff = GyXSum /1000.0;
57                      GyYOff = GyYSum /1000.0;
58                      GyZOff = GyZSum /1000.0;
59              }
60              delay(1);
61              return;
62      }
63
64      double AcXD = AcX - AcXOff;
65      double AcYD = AcY - AcYOff;
66      double AcZD = AcZ - AcZOff +16384;
67
68      double GyXD = GyX - GyXOff;
69      double GyYD = GyY - GyYOff;
70      double GyZD = GyZ - GyZOff;
71
72      static unsigned long t_prev =0;
73      unsigned long t_now = micros();
```

```
74          double dt = (t_now - t_prev)/1000000.0;
75          t_prev = t_now;
76
77          const float GYROXYZ_TO_DEGREES_PER_SEC =131;
78          double GyXR = GyXD / GYROXYZ_TO_DEGREES_PER_SEC;
79          double GyYR = GyYD / GYROXYZ_TO_DEGREES_PER_SEC;
80          double GyZR = GyZD / GYROXYZ_TO_DEGREES_PER_SEC;
81
82          static double gyAngleX =0.0, gyAngleY =0.0, gyAngleZ =0.0;
83          gyAngleX += GyXR *dt;
84          gyAngleY += GyYR *dt;
85          gyAngleZ += GyZR *dt;
86
87          static int cnt_loop;
88          cnt_loop ++;
89          if(cnt_loop%200 !=0) return;
90
91          Serial.printf(" dt = %8.6f", dt);
92          Serial.printf(" | gyAngleX = %6.1f", gyAngleX);
93          Serial.printf(" | gyAngleY = %6.1f", gyAngleY);
94          Serial.printf(" | gyAngleZ = %6.1f", gyAngleZ);
95          Serial.println();
96
97      }
```

77 : GYROXYZ_TO_DEGREES_PER_SEC 실수 상수를 선언한 후, 131로 초기화합니다. 131은 자이로 센서가 1도/s로 회전 시에 읽히는 값입니다.

78 : 보정 자이로 X 값을 131로 나누어 X에 대한 각속도를 구해 GyXR 변수에 넣습니다. 131은 자이로 센서가 1도/s로 회전 시에 읽히는 값입니다.

79 : 보정 자이로 Y 값을 131로 나누어 Y에 대한 각속도를 구해 GyYR 변수에 넣습니다. 131은 자이로 센서가 1도/s로 회전 시에 읽히는 값입니다.

80 : 보정 자이로 Z 값을 131로 나누어 Z에 대한 각속도를 구해 GyZR 변수에 넣습니다. 131은 자이로 센서가 1도/s로 회전 시에 읽히는 값입니다.

82 : 자이로 센서 X, Y, Z 축에 대한 각도를 저장할 변수 gyAngleX, gyAngleY, gyAngleZ를 선언한 후, 각각 0.0으로 초기화합니다. static으로 선언하여 loop 함수를 빠져나가도 변수의 값이 유지되도록 합니다. 지역 변수에 static 속성을 주면 전역 변수와 같은 공간에 놓이지만 변수가 선언된 함수 내에서만 볼 수 있게 됩니다.

83 : X 축에 대한 현재 각속도에 주기 시간을 곱해 gyAngleX 변수에 누적해 주고 있습니다.

$$\theta_{now} = \theta_{prev} + w \times \Delta t \quad (\theta_{nou} : 현재 각도, \ \theta_{prev} : 이전 각도)$$

84 : Y 축에 대한 현재 각속도에 주기 시간을 곱해 gyAngleY 변수에 누적해 주고 있습니다.

85 : Z 축에 대한 현재 각속도에 주기 시간을 곱해 gyAngleZ 변수에 누적해 주고 있습니다.

92~94 : gyAngleX, gyAngleY, gyAngleZ 값을 출력하는 부분을 추가합니다. %6.1는 6자리 소수, 소수점 이하 1자리까지로 표시하도록 합니다.

2 드론을 다음과 같이 평평한 지면에 놓습니다.

스케치 업로드 시 자이로 센서가 초기화되므로 센서를 수평 상태로 초기화하기 위해 평평한 면에 놓는 것입니다.

3 컴파일과 업로드를 수행한 후 [시리얼 모니터] 버튼을 클릭합니다.

4 시리얼 모니터 창이 뜨면, 우측 하단에서 통신 속도를 115200으로 맞춰줍니다.

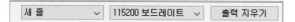

5 드론을 평평한 지면에 놓은 상태로 시리얼 모니터를 확인해 봅니다.

다음 그림을 기준으로 회전 축 X, Y, Z 별로 드론을 천천히 회전 시키면서 테스트합니다.

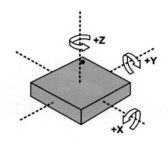

다음은 드론을 평평한 지면에 둔 상태로 출력한 결과화면입니다. Roll, Pitch, Yaw의 각도가 0도에 가깝게 출력되고 있습니다.

```
dt = 0.000504 | gyAngleX =      0.3 | gyAngleY =     -0.1 | gyAngleZ =      0.7
dt = 0.000503 | gyAngleX =      0.3 | gyAngleY =     -0.1 | gyAngleZ =      0.7
dt = 0.000503 | gyAngleX =      0.3 | gyAngleY =     -0.1 | gyAngleZ =      0.7
dt = 0.000503 | gyAngleX =      0.3 | gyAngleY =     -0.1 | gyAngleZ =      0.8
dt = 0.000503 | gyAngleX =      0.3 | gyAngleY =     -0.1 | gyAngleZ =      0.8
```

각도 값이 0에 가까운 값으로 출력되지 않으면 3~5 과정을 다시 수행합니다.

다음은 드론을 오른쪽으로 기울인 상태의 출력화면입니다. Roll의 각도가 92도 정도 기울어진 상태로 표시됩니다.

```
dt = 0.000503 | gyAngleX =     92.2 | gyAngleY =     -3.0 | gyAngleZ =     15.3
dt = 0.000503 | gyAngleX =     92.1 | gyAngleY =     -3.0 | gyAngleZ =     15.3
dt = 0.000502 | gyAngleX =     92.1 | gyAngleY =     -3.0 | gyAngleZ =     15.4
dt = 0.000503 | gyAngleX =     92.1 | gyAngleY =     -3.0 | gyAngleZ =     15.4
dt = 0.000503 | gyAngleX =     92.1 | gyAngleY =     -3.0 | gyAngleZ =     15.4
```

다음은 드론을 앞쪽으로 기울인 상태의 출력화면입니다. Pitch의 각도가 93도 정도 기울어진 상태로 표시됩니다.

```
dt = 0.000503 | gyAngleX =      8.7 | gyAngleY =     92.9 | gyAngleZ =    -32.5
dt = 0.000503 | gyAngleX =      8.7 | gyAngleY =     92.9 | gyAngleZ =    -32.5
dt = 0.000503 | gyAngleX =      8.7 | gyAngleY =     92.9 | gyAngleZ =    -32.5
dt = 0.000503 | gyAngleX =      8.6 | gyAngleY =     92.9 | gyAngleZ =    -32.5
dt = 0.000503 | gyAngleX =      8.6 | gyAngleY =     92.9 | gyAngleZ =    -32.5
```

이상에서 자이로 센서를 이용해 드론이 기울어진 각도를 구해 보았습니다.

※ 자이로 센서는 짧은 순간 회전 속도는 아주 정확합니다. 그래서 짧은 순간에 구하는 순간 각도는 정확합니다. 그러나 자이로 센서로 각도를 측정할 경우엔 미세 각도를 누적하는 과정에서 오차가 누적되어 시간이 어느 정도 흐르면 오차가 커지게 됩니다.

11 _ 가속도 센서로 각도 구하기

이제 가속도 센서를 처리해 Roll, Pitch, Yaw의 각도를 구하는 루틴을 추가해 보도록 하겠습니다.

1 다음과 같이 예제를 수정합니다. 3100.ino 예제를 복사하여 수정합니다.

```
3110.ino
001    #include <Wire.h>
002
003    void setup() {
004            Serial.begin(115200);
005
006            Wire.begin();
007            Wire.setClock(400000);
008
009            Wire.beginTransmission(0x68);
010            Wire.write(0x6b);
011            Wire.write(0x0);
012            Wire.endTransmission(true);
013    }
014
015    void loop() {
016            Wire.beginTransmission(0x68);
017            Wire.write(0x3B);
018            Wire.endTransmission(false);
019            Wire.requestFrom((uint16_t)0x68,(uint8_t)14,true);
020
021            int16_t AcXH = Wire.read();
022            int16_t AcXL = Wire.read();
023            int16_t AcYH = Wire.read();
024            int16_t AcYL = Wire.read();
025            int16_t AcZH = Wire.read();
026            int16_t AcZL = Wire.read();
027            int16_t TmpH = Wire.read();
028            int16_t TmpL = Wire.read();
029            int16_t GyXH = Wire.read();
030            int16_t GyXL = Wire.read();
031            int16_t GyYH = Wire.read();
032            int16_t GyYL = Wire.read();
033            int16_t GyZH = Wire.read();
034            int16_t GyZL = Wire.read();
035
036            int16_t AcX = AcXH <<8 |AcXL;
037            int16_t AcY = AcYH <<8 |AcYL;
038            int16_t AcZ = AcZH <<8 |AcZL;
```

```
039            int16_t GyX = GyXH <<8 |GyXL;
040            int16_t GyY = GyYH <<8 |GyYL;
041            int16_t GyZ = GyZH <<8 |GyZL;
042
043            static int32_t AcXSum =0, AcYSum =0, AcZSum =0;
044            static int32_t GyXSum =0, GyYSum =0, GyZSum =0;
045            static double AcXOff =0.0, AcYOff =0.0, AcZOff =0.0;
046            static double GyXOff =0.0, GyYOff =0.0, GyZOff =0.0;
047            static int cnt_sample =1000;
048            if(cnt_sample >0) {
049                    AcXSum += AcX; AcYSum += AcY; AcZSum += AcZ;
050                    GyXSum += GyX; GyYSum += GyY; GyZSum += GyZ;
051                    cnt_sample --;
052                    if(cnt_sample ==0) {
053                            AcXOff = AcXSum /1000.0;
054                            AcYOff = AcYSum /1000.0;
055                            AcZOff = AcZSum /1000.0;
056                            GyXOff = GyXSum /1000.0;
057                            GyYOff = GyYSum /1000.0;
058                            GyZOff = GyZSum /1000.0;
059                    }
060                    delay(1);
061                    return;
062            }
063
064            double AcXD = AcX - AcXOff;
065            double AcYD = AcY - AcYOff;
066            double AcZD = AcZ - AcZOff +16384;
067
068            double GyXD = GyX - GyXOff;
069            double GyYD = GyY - GyYOff;
070            double GyZD = GyZ - GyZOff;
071
072            static unsigned long t_prev =0;
073            unsigned long t_now = micros();
074            double dt = (t_now - t_prev)/1000000.0;
075            t_prev = t_now;
076
077            const float GYROXYZ_TO_DEGREES_PER_SEC =131;
078            double GyXR = GyXD /GYROXYZ_TO_DEGREES_PER_SEC;
079            double GyYR = GyYD /GYROXYZ_TO_DEGREES_PER_SEC;
080            double GyZR = GyZD /GYROXYZ_TO_DEGREES_PER_SEC;
081
082            static double gyAngleX =0.0, gyAngleY =0.0, gyAngleZ =0.0;
083            gyAngleX += GyXR *dt;
084            gyAngleY += GyYR *dt;
```

```
085                gyAngleZ += GyZR *dt;
086
087                const float RADIANS_TO_DEGREES =180 / 3.14159;
088                double AcYZD = sqrt(pow(AcY,2) + pow(AcZ,2));
089                double AcXZD = sqrt(pow(AcX,2) + pow(AcZ,2));
090                double acAngleY = atan(-AcXD/AcYZD)*RADIANS_TO_DEGREES;
091                double acAngleX = atan(AcYD/AcXZD)*RADIANS_TO_DEGREES;
092                double acAngleZ =0;
093
094                static int cnt_loop;
095                cnt_loop ++;
096                if(cnt_loop%200 !=0) return;
097
098                Serial.printf(" dt = %8.6f", dt);
099                Serial.printf(" | gyAngleX = %6.1f", gyAngleX);
100                Serial.printf(" | gyAngleY = %6.1f", gyAngleY);
101                Serial.printf(" | gyAngleZ = %6.1f", gyAngleZ);
102                Serial.printf(" | acAngleX = %6.1f", acAngleX);
103                Serial.printf(" | acAngleY = %6.1f", acAngleY);
104                Serial.printf(" | acAngleZ = %6.1f", acAngleZ);
105                Serial.println();
106
107        }
```

88, 90 : 직선 +X축이 기울어진 각도를 구하고 있습니다. 직선 +X축은 곡선 +Y축에 따라 기울어집니다. 다음은 직선 +X축이 곡선 +Y축에 따라 기울어진 각도를 구하는 공식입니다. 각도는 곡선 축을 기준으로 계산되기 때문에 Y의 각도로 표시합니다.

$$\text{angle(Y)} = \tan^{-1}\left(\frac{-AcX}{\sqrt{Ac^2Y + Ac^2Z}}\right) \times \left(\frac{180°}{\pi}\right)$$

이 공식에 대해서는 뒤에서 자세히 살펴보겠습니다.

우리 드론의 경우 acAngleY는 Pitch의 각이 됩니다. 드론이 앞으로 기울 경우 acAngleY는 양의 값을 갖습니다.

88, 90 : 직선 +Y축이 기울어진 각도를 구하고 있습니다. 직선 +Y축은 곡선 +X축에 따라 기울어집니다. 다음은 직선 +Y축이 곡선 +X축에 따라 기울어진 각도를 구하는 공식입니다. 각도는 곡선 축을 기준으로 계산되기 때문에 X의 각도로 표시합니다.

$$\text{angle(X)} = \tan^{-1}\left(\frac{AcY}{\sqrt{Ac^2X + Ac^2Z}}\right) \times \left(\frac{180°}{\pi}\right)$$

이 공식에 대해서는 뒤에서 자세히 살펴보겠습니다.

우리 드론의 경우 acAngleX는 Roll의 각이 됩니다. 드론이 오른쪽으로 기울 경우 acAngleX는 양의 값을 갖습니다.

92 : acAngleZ 변수의 값을 0으로 설정하고 있습니다. 최초에 드론을 평평한 면에 둘 경우 직선 +Z 축이 중력 가속도 방향과 정 반대 방향을 보게 되며 따라서 가속도 센서를 이용해서는 +Z 축을 중심으로 한 회전각을 계산할 수 없습니다.

102~104 : acAngleX, acAngleY, acAngleZ 값을 출력하는 부분을 추가합니다. %6.1f는 6자리 소수, 소수점 이하 1자리까지로 표시하도록 합니다.

2 드론을 다음과 같이 평평한 지면에 놓습니다.

스케치 업로드 시 자이로 센서가 초기화되므로 센서를 수평 상태로 초기화하기 위해 평평한 면에 놓는 것입니다.

3 컴파일과 업로드를 수행한 후 [시리얼 모니터] 버튼을 클릭합니다.

4 시리얼 모니터 창이 뜨면, 우측 하단에서 통신 속도를 115200으로 맞춰줍니다.

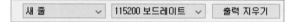

5 드론을 평평한 지면에 놓은 상태로 시리얼 모니터를 확인해 봅니다.

다음 그림을 기준으로 직선 축 X, Y, Z 별로 드론을 기울이면서 테스트합니다.

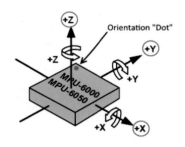

다음은 드론을 평평한 지면에 둔 상태로 출력한 결과화면입니다. 가속도 센서 Roll, Pitch의 각도 값이 0에 가깝게 출력되고 있습니다.

```
dt = 0.000537 | gyAngleX =    0.3 | gyAngleY =   -0.2 | gyAngleZ =    0.5 | acAngleX =    0.3 | acAngleY =    0.2 | acAngleZ =    0.0
dt = 0.000536 | gyAngleX =    0.3 | gyAngleY =   -0.2 | gyAngleZ =    0.5 | acAngleX =   -0.1 | acAngleY =    0.0 | acAngleZ =    0.0
dt = 0.000536 | gyAngleX =    0.3 | gyAngleY =   -0.2 | gyAngleZ =    0.5 | acAngleX =    0.2 | acAngleY =    0.1 | acAngleZ =    0.0
dt = 0.000536 | gyAngleX =    0.3 | gyAngleY =   -0.2 | gyAngleZ =    0.5 | acAngleX =    0.1 | acAngleY =   -0.1 | acAngleZ =    0.0
dt = 0.000537 | gyAngleX =    0.3 | gyAngleY =   -0.2 | gyAngleZ =    0.5 | acAngleX =   -0.2 | acAngleY =   -0.1 | acAngleZ =    0.0
```

다음은 드론을 오른쪽으로 기울인 상태의 출력화면입니다. 71도 정도 기울어진 상태입니다.

```
dt = 0.000546 | gyAngleX =   83.5 | gyAngleY =  -11.2 | gyAngleZ =   11.9 | acAngleX =   71.2 | acAngleY =   -4.4 | acAngleZ =    0.0
dt = 0.000539 | gyAngleX =   83.5 | gyAngleY =  -11.2 | gyAngleZ =   11.9 | acAngleX =   70.7 | acAngleY =   -4.4 | acAngleZ =    0.0
dt = 0.000542 | gyAngleX =   83.5 | gyAngleY =  -11.2 | gyAngleZ =   11.9 | acAngleX =   71.6 | acAngleY =   -4.2 | acAngleZ =    0.0
dt = 0.000539 | gyAngleX =   83.5 | gyAngleY =  -11.2 | gyAngleZ =   11.9 | acAngleX =   70.9 | acAngleY =   -4.6 | acAngleZ =    0.0
dt = 0.000539 | gyAngleX =   83.5 | gyAngleY =  -11.2 | gyAngleZ =   12.0 | acAngleX =   71.2 | acAngleY =   -4.6 | acAngleZ =    0.0
```

자이로 센서를 이용해 구한 각도와 가속도 센서를 이용해 구한 각도에 차이가 있습니다. 움직이지 않는 상태에서는 가속도 센서의 값이 정확한 값이 됩니다.

다음은 드론을 앞쪽으로 기울인 상태의 출력화면입니다. 78도 정도 기울어진 상태입니다.

```
dt = 0.000539 | gyAngleX =    8.7 | gyAngleY =   76.0 | gyAngleZ =  -34.0 | acAngleX =    1.8 | acAngleY =   78.1 | acAngleZ =    0.0
dt = 0.000539 | gyAngleX =    8.7 | gyAngleY =   76.0 | gyAngleZ =  -33.9 | acAngleX =    1.7 | acAngleY =   78.0 | acAngleZ =    0.0
dt = 0.000539 | gyAngleX =    8.7 | gyAngleY =   76.0 | gyAngleZ =  -33.9 | acAngleX =    1.2 | acAngleY =   78.9 | acAngleZ =    0.0
dt = 0.000539 | gyAngleX =    8.7 | gyAngleY =   76.0 | gyAngleZ =  -33.9 | acAngleX =    1.7 | acAngleY =   78.0 | acAngleZ =    0.0
dt = 0.000539 | gyAngleX =    8.7 | gyAngleY =   76.0 | gyAngleZ =  -33.9 | acAngleX =    1.6 | acAngleY =   78.0 | acAngleZ =    0.0
```

자이로 센서를 이용해 구한 각도와 가속도 센서를 이용해 구한 각도에 차이가 있습니다. 움직이지 않는 상태에서는 가속도 센서의 값이 정확한 값이 됩니다.

Z 축의 경우 가속도 센서를 이용해서 각도를 구할 수 없습니다.

이상에서 가속도 센서를 이용해 드론이 기울어진 각도를 구해 보았습니다.

※ 가속도 센서의 경우 정적인 상태에서는 안정된 값을 내보내며, 이 경우 각도가 정확합니다. 그러나 회전이나 움직임이 있을 경우 값이 불안정한 상태가 됩니다.

12 _ 상보 필터로 각도 구하기

이제 두 센서 값에 대해 상보 필터를 적용해 Roll, Pitch, Yaw의 각도를 구하는 루틴을 추가해 보도록 하겠습니다.

1 다음과 같이 예제를 수정합니다. 3110.ino 예제를 복사하여 수정합니다.

```
3120.ino
001    #include <Wire.h>
002
003    void setup() {
004            Serial.begin(115200);
005
006            Wire.begin();
007            Wire.setClock(400000);
008
009            Wire.beginTransmission(0x68);
010            Wire.write(0x6b);
011            Wire.write(0x0);
012            Wire.endTransmission(true);
013    }
014
015    void loop() {
016            Wire.beginTransmission(0x68);
017            Wire.write(0x3B);
018            Wire.endTransmission(false);
019            Wire.requestFrom((uint16_t)0x68,(uint8_t)14,true);
020
021            int16_t AcXH = Wire.read();
022            int16_t AcXL = Wire.read();
023            int16_t AcYH = Wire.read();
024            int16_t AcYL = Wire.read();
025            int16_t AcZH = Wire.read();
026            int16_t AcZL = Wire.read();
027            int16_t TmpH = Wire.read();
028            int16_t TmpL = Wire.read();
029            int16_t GyXH = Wire.read();
030            int16_t GyXL = Wire.read();
031            int16_t GyYH = Wire.read();
032            int16_t GyYL = Wire.read();
033            int16_t GyZH = Wire.read();
034            int16_t GyZL = Wire.read();
035
036            int16_t AcX = AcXH <<8 |AcXL;
```

```
037            int16_t AcY = AcYH <<8 |AcYL;
038            int16_t AcZ = AcZH <<8 |AcZL;
039            int16_t GyX = GyXH <<8 |GyXL;
040            int16_t GyY = GyYH <<8 |GyYL;
041            int16_t GyZ = GyZH <<8 |GyZL;
042
043            static int32_t AcXSum =0, AcYSum =0, AcZSum =0;
044            static int32_t GyXSum =0, GyYSum =0, GyZSum =0;
045            static double AcXOff =0.0, AcYOff =0.0, AcZOff =0.0;
046            static double GyXOff =0.0, GyYOff =0.0, GyZOff =0.0;
047            static int cnt_sample =1000;
048            if(cnt_sample >0) {
049                    AcXSum += AcX; AcYSum += AcY; AcZSum += AcZ;
050                    GyXSum += GyX; GyYSum += GyY; GyZSum += GyZ;
051                    cnt_sample --;
052                    if(cnt_sample ==0) {
053                            AcXOff = AcXSum /1000.0;
054                            AcYOff = AcYSum /1000.0;
055                            AcZOff = AcZSum /1000.0;
056                            GyXOff = GyXSum /1000.0;
057                            GyYOff = GyYSum /1000.0;
058                            GyZOff = GyZSum /1000.0;
059                    }
060                    delay(1);
061                    return;
062            }
063
064            double AcXD = AcX - AcXOff;
065            double AcYD = AcY - AcYOff;
066            double AcZD = AcZ - AcZOff +16384;
067
068            double GyXD = GyX - GyXOff;
069            double GyYD = GyY - GyYOff;
070            double GyZD = GyZ - GyZOff;
071
072            static unsigned long t_prev =0;
073            unsigned long t_now = micros();
074            double dt = (t_now - t_prev)/1000000.0;
075            t_prev = t_now;
076
077            const float GYROXYZ_TO_DEGREES_PER_SEC =131;
078            double GyXR = GyXD /GYROXYZ_TO_DEGREES_PER_SEC;
079            double GyYR = GyYD /GYROXYZ_TO_DEGREES_PER_SEC;
080            double GyZR = GyZD /GYROXYZ_TO_DEGREES_PER_SEC;
081
082            static double gyAngleX =0.0, gyAngleY =0.0, gyAngleZ =0.0;
```

```
083            gyAngleX += GyXR *dt;
084            gyAngleY += GyYR *dt;
085            gyAngleZ += GyZR *dt;
086
087            const float RADIANS_TO_DEGREES =180 /3.14159;
088            double AcYZD = sqrt(pow(AcY,2) + pow(AcZ,2));
089            double AcXZD = sqrt(pow(AcX,2) + pow(AcZ,2));
090            double acAngleY = atan(-AcXD /AcYZD)*RADIANS_TO_DEGREES;
091            double acAngleX = atan(AcYD /AcXZD)*RADIANS_TO_DEGREES;
092            double acAngleZ =0;
093
094            const double ALPHA =0.96;
095            static double cmAngleX =0.0, cmAngleY =0.0, cmAngleZ =0.0;
096            cmAngleX=ALPHA*(cmAngleX+GyXR*dt)+(1.0-ALPHA)*acAngleX;
097            cmAngleY=ALPHA*(cmAngleY+GyYR*dt)+(1.0-ALPHA)*acAngleY;
098            cmAngleZ = gyAngleZ;
099
100            static int cnt_loop;
101            cnt_loop ++;
102            if(cnt_loop%200 !=0) return;
103
104            Serial.printf(" dt = %8.6f", dt);
105            Serial.printf(" | cmAngleX = %6.1f", cmAngleX);
106            Serial.printf(" | cmAngleY = %6.1f", cmAngleY);
107            Serial.printf(" | cmAngleZ = %6.1f", cmAngleZ);
108            Serial.println();
109
110        }
```

94 : 자이로 센서와 가속도 센서의 보정 비율을 저장할 상수 ALPHA를 선언한 후, 0.96 값으로 초기화합니다. 현재 각도와 자이로 센서를 통해 얻는 각도에 96%, 가속도 센서를 통해 얻은 각도에 4%의 비율을 주게 됩니다. 독자 여러분은 이 값을 이용해 자이로 센서와 가속도 센서의 비율을 조정할 수 있습니다.

96 : 상보 필터를 이용해 구한 각도를 저장할 변수 cmAngleX, cmAngleY, cmAngleZ 변수를 선언합니다. static으로 선언하여 loop 함수를 빠져나가도 변수의 값이 유지되도록 합니다. 지역 변수에 static 속성을 주면 전역 변수와 같은 공간에 놓이지만 변수가 선언된 함수 내에서만 볼 수 있게 됩니다.

96 : 이전 보정 각도 X와 자이로 센서를 이용해 얻은 미세 각도 X를 더한 값에 0.96의 비중을 주고 가속도 센서로부터 얻어진 각도에 0.04의 비중을 주어 두 값을 더해서 현재 보정 각도 X를 구합니다. 이 값이 드론에서 사용할 실제 X 값입니다.

97 : 이전 보정 각도 Y와 자이로 센서를 이용해 얻은 미세 각도 Y를 더한 값에 0.96의 비중을 주고 가속도 센서로부터 얻어진 각도에 0.04의 비중을 주어 두 값을 더해서 현재 보정 각도 Y를 구합니다. 이 값이 드론에서 사용할 실제 Y 값입니다.

98 : Z축에 대해서는 자이로 센서만을 이용하여 각도를 구하고 있습니다. Z 축에 대한 정확한 각도를 얻기 위해서는 지자계 센서가 필요합니다. 이 책에서 다루는 드론에는 지자계 센서가 없으며 따라서 정확한 Z 각도 값을 구할 수 없습니다.

105~107 : cmAngleX, cmAngleY, cmAngleZ 값을 출력하는 부분을 추가합니다. %6.1f는 6자리 소수, 소수점 이하 1자리까지로 표시하도록 합니다.

2 드론을 다음과 같이 평평한 지면에 놓습니다.

스케치 업로드 시 자이로 센서가 초기화되므로 센서를 수평 상태로 초기화하기 위해 평평한 면에 놓는 것입니다.

3 컴파일과 업로드를 수행한 후 [시리얼 모니터] 버튼을 클릭합니다.

4 시리얼 모니터 창이 뜨면, 우측 하단에서 통신 속도를 115200으로 맞춰줍니다.

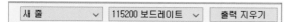

5 드론을 평평한 지면에 놓은 상태로 시리얼 모니터를 확인해 봅니다.

다음 그림을 기준으로 드론을 천천히 회전 시키면서 테스트합니다.

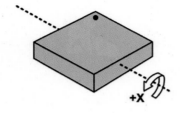

다음은 드론을 평평한 지면에 둔 상태로 출력한 결과화면입니다. Roll, Pitch, Yaw의 각도가 0도에 가깝게 출력되고 있습니다.

```
dt = 0.000540 | cmAngleX =    0.0 | cmAngleY =   -0.0 | cmAngleZ =    0.4
dt = 0.000540 | cmAngleX =   -0.0 | cmAngleY =   -0.1 | cmAngleZ =    0.4
dt = 0.000543 | cmAngleX =    0.1 | cmAngleY =   -0.1 | cmAngleZ =    0.4
dt = 0.000548 | cmAngleX =    0.0 | cmAngleY =   -0.1 | cmAngleZ =    0.4
dt = 0.000540 | cmAngleX =   -0.0 | cmAngleY =   -0.1 | cmAngleZ =    0.4
```

다음은 드론을 오른쪽으로 기울인 상태의 출력화면입니다. 76도 정도 기울어진 상태입니다. 이 각도는 정확한 각도입니다.

```
dt = 0.000544 | cmAngleX =   75.9 | cmAngleY =   -4.8 | cmAngleZ =   17.2
dt = 0.000542 | cmAngleX =   76.2 | cmAngleY =   -4.8 | cmAngleZ =   17.2
dt = 0.000542 | cmAngleX =   76.0 | cmAngleY =   -4.8 | cmAngleZ =   17.2
dt = 0.000543 | cmAngleX =   75.9 | cmAngleY =   -4.8 | cmAngleZ =   17.2
dt = 0.000542 | cmAngleX =   76.1 | cmAngleY =   -4.8 | cmAngleZ =   17.3
```

다음은 드론을 앞쪽으로 기울인 상태의 출력화면입니다. 78도 정도 기울어진 상태입니다. 이 각도는 정확한 각도입니다.

```
dt = 0.000542 | cmAngleX =    1.3 | cmAngleY =   78.6 | cmAngleZ =  -33.3
dt = 0.000542 | cmAngleX =    1.2 | cmAngleY =   78.3 | cmAngleZ =  -33.3
dt = 0.000551 | cmAngleX =    1.2 | cmAngleY =   78.7 | cmAngleZ =  -33.3
dt = 0.000544 | cmAngleX =    1.2 | cmAngleY =   78.3 | cmAngleZ =  -33.3
dt = 0.000543 | cmAngleX =    1.3 | cmAngleY =   78.7 | cmAngleZ =  -33.3
```

이상에서 상보 필터를 이용해 드론이 기울어진 각도를 구해 보았습니다.

가속도 센서 각도 공식 이해하기

※ 이 단원은 가속도 센서를 이용하여 드론의 기울어진 각도를 구하는 과정을 소개하고 있습니다. 내용이 어려울 수 있으므로 필요한 독자만 살펴보기 바랍니다.

우리는 앞에서 다음 두 공식을 이용하여 가속도 센서를 이용하여 Pitch, Roll의 각도를 구했습니다.

$$\text{angle(Y)} = \tan^{-1}\left(\frac{-AcX}{\sqrt{Ac^2Y + Ac^2Z}}\right) \times \left(\frac{180°}{\pi}\right)$$

$$\text{angle(X)} = \tan^{-1}\left(\frac{AcY}{\sqrt{Ac^2X + Ac^2Z}}\right) \times \left(\frac{180°}{\pi}\right)$$

어떻게 이런 식이 나오게 되는지 살펴보도록 하겠습니다.

먼저 Roll, Pitch, Yaw에 대한 기준을 다음 그림을 통해 살펴보도록 하겠습니다.

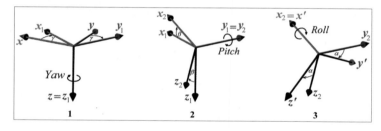

그림 1, 2, 3은 차례로 Yaw, Pitch, Roll을 구하는 과정을 보여주고 있습니다.

그림 1에서 Yaw는 z 축을 중심으로 각도 γ 만큼 곡선 진행 방향으로의 회전을 나타냅니다. 이 때 x -> x1, y -> y1로 이동하고, z = z1이 되어 그대로 있게 됩니다. 이제 기준 축은 x, y, z가 아닌 x1, y1, z1이 됩니다.

그림 2에서 Pitch는 y1 축을 중심으로 각도 β 만큼 곡선 진행 방향으로의 회전을 나타냅니다. 이 때 x1 -> x2, z1 -> z2로 이동하고, y1 = y2이 되어 그대로 있게 됩니다. 이제 기준 축은 x1, y1, z1이 아닌 x2, y2, z2가 됩니다.

그림 3에서 Roll은 x2 축을 중심으로 각도 α 만큼 곡선 진행 방향으로의 회전을 나타냅니다. 이 때 y2 -> y', z2 -> z'로 이동하고, x2 = x'가 되어 그대로 있게 됩니다. 이제 기준 축은 x2, y2, z2가 아닌 x', y', z'이 됩니다.

여기서 기억해야 할 점은 각 축에 대해 회전을 수행하고 나면 새로운 상태가 기준이 된다는 점입니다. 그러면 ESP32 노드 드론을 기준으로 각을 구하는 공식을 구해 보도록 하겠습니다. 먼저 다음 그림을 살펴보도록 합니다.

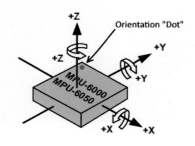

MPU6050을 기준으로 ESP32 노드 드론은 직선 +X축이 전방, +Y축이 왼쪽, +Z축이 위쪽을 향하고 있습니다.

다음 그림은 평평한 면에 드론을 놓은 상태로 드론의 오른쪽에서 본 그림입니다. ⊗는 직선 축 +Y가 지면을 뚫고 들어가는 모습입니다.

이 상태에서 드론의 가속도 센서가 받는 힘은 중력 가속도 g만 존재하며, g는 직선 축 +Z 에만 영향을 미치게 됩니다. 그래서 이상적인 경우 AcZ = g, AcX = 0, AcY = 0이 되게 됩니다.

이제 드론을 직선 축 +X, +Y 순으로 기울이면서 Y에 대한 각도를 구해보겠습니다. 다음 그림과 같이 드론의 앞 부분을 곡선 축 +Y 방향으로 θ만큼 회전시켜 봅니다. 그러면 드론의 앞쪽이 아래로 내려가게 됩니다. 이 경우 직선 축 +X는 중력 방향을 향하게 됩니다.

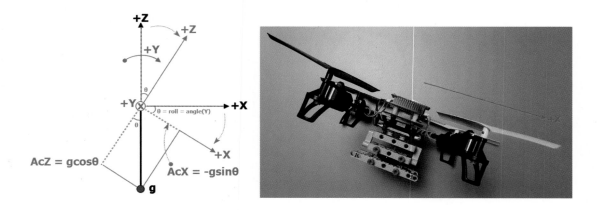

그러면 AcZ 값은 gcosθ가 됩니다. 그리고 AcX 값은 −gsinθ가 됩니다. 직선 축 +Z는 중력 가속도 방향과 반대이기 때문에 AcZ의 값은 양수가 됩니다. 직선 축 +X는 중력 가속도 방향과 같기 때문에 AcX의 값은 음수가 됩니다. 그래서 −gsinθ가 되어야 합니다.

여기서는 다음과 같은 식이 나옵니다.

$$AcZ = \ gcosθ$$
$$AcX = −gsinθ$$
$$AcY = 0$$

다음은 현재 상태에서 드론의 왼쪽 부분을 위로 향하게 하며 X 각을 변경시키는 상황에 대해 생각해 보겠습니다. 먼저 다음 그림을 살펴봅니다.

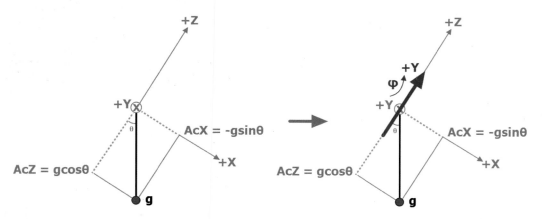

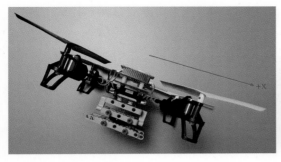

왼쪽에 있는 그림은 바로 앞에서 살펴 본 그림입니다. 오른쪽에 있는 그림은 왼쪽에 있는 그림에서 직선 축 +X를 중심으로 직선 축 +Y를 φ만큼 회전시키는 그림입니다. 즉, 현재 상태에서 드론의 왼쪽 부분을 위로 향하게 하는 그림입니다. 이 때 직선 축 +X는 중력을 기준으로 이전 상태를 유지합니다. 즉, AcX의 값은 변하지 않습니다. 직선 축 +Y는 이전에는 중력과 수직인 상태였지만 이제는 비스듬하게 중력과 반대 방향을 보게 됩니다. 즉, AcY의 값이 양수로 변하게 됩니다.

아래 왼쪽의 그림은 위의 오른쪽과 같은 그림입니다. 아래 오른쪽 그림에서 여러분은 직선 축 +X를 봅니다. 그러면 오른쪽과 같은 형태로 보이게 됩니다.

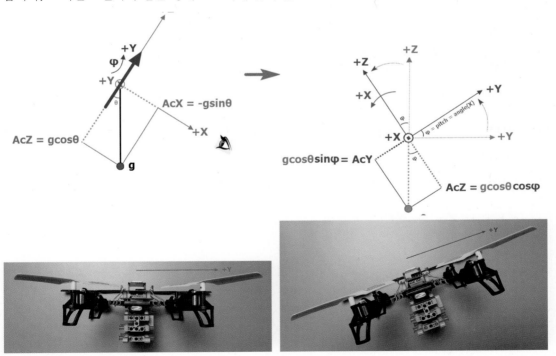

오른쪽 그림은 직선 축 +Y가 곡선 축 +X 방향으로 φ 만큼 회전한 상태를 나타냅니다. 즉, 드론의 왼쪽 부분이 위로 올라간 상태입니다. 그러면 이전에 AcZ에 걸려있던 gcosθ 값이 AcY로 일부분 옮겨 갑니다. 결과적으로 AcZ 값은 gcosθcosφ가 됩니다. 그리고 AcY 값은 gcosθsinφ가 됩니다. 직선 축 +Z는 gcosθ 방향과 반대이기 때문에 AcZ의 값은 양수가 됩니다. 직선 축 +Y는 gcosθ 방향과 반대이기 때문에 AcY의 값은 양수가 됩니다.

여기서는 다음과 같은 식이 나옵니다.

AcZ = gcosθcosφ
AcY = gcosθsinφ

최종적으로 우리는 다음과 같은 식을 얻게 됩니다.

AcZ = gcosθcosφ
AcY = gcosθsinφ
AcX = −gsinθ

여기서 다음과 같은 식을 얻을 수 있습니다.

$$
\begin{aligned}
Ac^2Y + Ac^2Z &= g^2\cos^2\Theta\sin^2\Phi + g^2\cos^2\Theta\cos^2\Phi \\
&= g^2\cos^2\Theta(\sin^2\Phi + \cos^2\Phi) \\
&= g^2\cos^2\Theta
\end{aligned}
$$

이 식에서 중요한 점은 φ가 어떤 값을 갖더라도 θ에는 영향을 미치지 못한다는 점입니다. 즉, 두 각은 서로 독립적입니다.

여기서 또 다음과 같은 식을 얻을 수 있습니다.

$$
\sqrt{Ac^2Y + Ac^2Z} = gcos\Theta
$$

그리고 다음과 같은 식을 얻을 수 있습니다.

$$
\frac{-AcX}{\sqrt{Ac^2Y + Ac^2Z}} = \frac{gsin\Theta}{gcos\Theta} = \tan\Theta
$$

이 식으로 θ를 구하면 다음과 같습니다.

$$\Theta = \tan^{-1}(\frac{-AcX}{\sqrt{Ac^2Y + Ac^2Z}})$$

그리고 θ의 단위는 라디안이기 이것을 각도로 고치면 다음과 같습니다.

$$\text{angle(Y)} = \tan^{-1}(\frac{-AcX}{\sqrt{Ac^2Y + Ac^2Z}}) \times (\frac{180°}{\pi})$$

같은 방식으로 X에 대한 각도를 구하면 다음과 같습니다.

$$\text{angle(X)} = \tan^{-1}(\frac{AcY}{\sqrt{Ac^2X + Ac^2Z}}) \times (\frac{180°}{\pi})$$

이상에서 우리는 가속도 센서를 이용해 Y, X에 대한 각도를 구하는 공식을 살펴보았습니다.

ESP32 Arduino drone

CHAPTER 04

PID 제어로 드론 띄우기

이번 Chapter에서는 첫째, PID 이론, PID의 역사적 배경, PID 원리를 이해해 봅니다. 둘째, 표준 PID 제어 알고리즘을 구한 후, 비례항 P를 구현해 봅니다. 셋째, 모터 속도 분배 알고리즘을 구한 후, 모터 속도 분배를 구현해 봅니다. 넷째, 사용자 입력을 받아 모터 속도를 조절해 봅니다. 마지막으로 미분항 D를 구현하여 드론을 날려봅니다.

01 _ Roll, Pitch, Yaw와 PID 이론

이전 장에서 우리는 가속도 자이로 센서에 대해서 자세히 살펴보았습니다. 마지막 부분에서는 가속도 자이로 센서 값을 상보 필터에 적용해 매 순간 정확한 Roll, Pitch, Yaw 값을 얻을 수 있었습니다. 그러면 드론이 오른쪽으로 기운 상태에서 수평 상태로 돌아가려면 어떻게 해야 할까요? 또 드론이 뒤로 기운 상태에서 수평 상태로 돌아가려면 어떻게 해야 할까요? 드론이 오른쪽으로 기운 상태라면 오른쪽에 있는 2 날개의 모터를 강하게, 왼쪽에 있는 2 날개의 모터는 약하게 회전시켜야 합니다. 또 드론이 뒤로 기운 상태라면 앞쪽에 있는 2 날개의 모터를 약하게, 뒤쪽에 있는 2 날개의 모터를 강하게 회전시켜야 합니다. 드론이 수평 상태에서 오른쪽으로 이동하려면 어떻게 해야 할까요? 또 수평 상태에서 앞쪽으로 이동하려면 어떻게 해야 할까요? 수평 상태에서 오른쪽으로 이동하려면 왼쪽의 2 날개의 모터를 강하게 회전시키고 오른쪽의 2 날개의 모터를 약하게 회전시켜야 합니다. 수평 상태에서 앞쪽으로 이동하려면 앞쪽의 2 날개의 모터를 약하게 회전시키고 뒤쪽의 2 날개의 모터를 강하게 회전시켜야 합니다.

그러면 드론이 오른쪽으로 정확히 10 도 기운 상태에서 수평 상태로 돌아가기 위해서는 오른쪽의 2 모터를 얼마나 강하게 회전시켜야 할까요? 왼쪽의 2 모터는 얼마나 약하게 회전시켜야 할까요? 드론이 수평 상태에서 오른쪽으로 10 도를 기울이려면, 그래서 오른쪽으로 이동하려면 왼쪽의 2 모터를 얼마나 강하게 회전시켜야 할까요? 오른쪽의 2 모터는 얼마나 약하게 회전시켜야 할까요?

이제 우리는 기울어진 드론의 Roll, Pitch, Yaw의 각도를 정확히 아는 상태에서 수평 상태로 돌아가기 위해 4 모터의 속도를 조절하는 방법을 알아야 합니다. 또 수평 상태에 있는 드론의 이동을 위해 변경해야 할 Roll, Pitch, Yaw의 각도를 알 때, 그 각도를 맞추기 위해 4 모터의 속도를 조절하는 방법을 알아야 합니다.

이런 상황을 해결하기 위해 나온 이론이 바로 PID 이론입니다.

02 _ PID의 역사적 배경

PID의 역사는 배에서 시작됩니다. 러시아 출신의 미국인 학자 Nicolas Minorsky는 1922 년 미국의 군함 USS New Maxico 호에 자동 조타 시스템을 설치하고 테스트하는 과정을 돕게 됩니다. 이 일과 관련해서 Minorsky는 미분 적분 제어의 개념을 소개하는 논문을 발표합니다.

미국 해군을 위한 자동 조타 시스템을 설계하기 위해, Minorsky는 조타수를 관찰하면서 오랜 시간을 보냅니다. Minorsky는 조타수가 배의 진행 방향을 변경하는 과정에서 현재의 오차만이 아니라 지금까지의 누적 오차와 오차 변화율에 따라서 방향키를 돌리는 것을 발견합니다.

이 상황에 대해서 좀 더 구체적으로 생각해 보겠습니다.

배 조종과 PID

어느 화창한 날 Minorsky는 조타수를 관찰합니다. 조타수는 현재 배의 방향을 오른쪽으로45도 돌리려고 합니다. 그래서 조타수는 방향키를 오른쪽으로 20도를 돌립니다. 배는 천천히 원하는 방향에 가까워집니다. 조타수는 방향키의 각도를 비례적으로 감소시킵니다. 이 상황은 현재의 배의 방향에 대한 오차 45도에 대해 비례적으로 방향키를 20도 돌리는 상황입니다. 그리고 줄어드는 오차에 따라 비례적으로 방향키의 각도를 감소시킵니다.

다음 날 Minorsky는 여전히 조타수를 관찰하고 있습니다. 오늘도 조타수는 배의 방향을 오른쪽으로 45도 돌리려고 합니다. 조타수는 평소대로 방향키를 오른쪽으로 20도 돌립니다. 그런데 오늘 따라 배가 원하는 방향에 빨리 가까워지지 않습니다. 가만히 보니 오늘은 바람과 조류의 방향이 배의 왼쪽으로 향하고 있습니다. 바람과 조류의 힘 때문에 배가 원하는 방향에 가까워지지 못하고 있습니다. 조타수는 배가 원하는 방향으로 가까워지는 것이 더디다고 느끼고 방향키를 계속해서 2도 더 돌립니다.

그 다음 날도 Minorsky는 여전히 조타수를 관찰하고 있습니다. 오늘은 비도 오고 파도도 심하게 칩니다. 오늘도 조타수는 배의 방향을 오른쪽으로 45도 돌리려고 합니다. 조타수는 평소대로 방향키를 오른쪽으로 20도 돌립니다. 그런데 그 때 갑자기 큰 파도가 치면서 배를 오른쪽으로 심하게 밀칩니다. 조타수는 깜짝 놀라며, 순간적으로 배의 방향키를 왼쪽으로 40도 돌립니다.

Minorsky는 조타수가 배의 진행 방향을 변경하는 과정에서 현재의 오차에서 비례(Proportional), 누적 오차에서 적분(Integral), 오차 변화율에서 미분(Derivative) 요소를 발견합니다.

미국 군함 USS New Maxico 호 상에서 PI 제어기로 첫 시험을 하는 동안에, 자동 조타 시스템은 2도 오차를 이루어냅니다. 그리고 D 매개변수가 더해졌을 때, 즉 PID 제어기로 시험을 했을 때, 이 시스템은 1/6도 오차를 이루어 내게 됩니다. 그리고 이것은 대부분의 조타수가 줄일 수 있는 오차보다 더 적습니다.

자동차 운전과 PID

PID 제어에 대해 자동차 운전을 예로 하나 더 들어 보겠습니다.

여러분은 현재 자동차를 몰고 서울을 출발해 강원도 대관령으로 가고 있습니다. 여러분은 고속도로에 들어섭니다. 고속도로에서 가속을 하려고 합니다. 현재는 70 Km/h의 속도로 달리고 있는데, 시속 100 Km/h로 속도를 올리려고 합니다.

그래서 여러분은 자동차 악셀을 현재 상태에서 좀 더 깊이 밟았다 서서히 떼게 됩니다. 여기서 여러분은 P 제어를 수행한 것과 같습니다.

자동차를 계속 타고 가다 보니 조금 가파른 언덕이 나옵니다. 이젠 이전처럼 악셀을 밟아도 자동차의 속도가 잘 오르지 않습니다. 그래서 여러분은 악셀을 조금 더 밟습니다. 여기서 여러분은 P 제어에 I 제어를 더해 수행한 것과 같습니다. 여러분은 악셀을 계속 밟아도 속도가 잘 안 올라가니 조금 더 밟은 것입니다.

고속도로를 벗어나 대관령으로 올라갑니다. 여기는 길이 구불구불 올라갔다 내려갔다 합니다. 속도를 조절하기가 어렵습니다. 내리막길에서는 갑자기 속도가 올라갑니다. 여러분은 순간 브레이크를 밟습니다. 오르막길에서는 갑자기 속도가 떨어집니다. 여러분은 엑셀을 급하게 더 밟습니다. 여기서 여러분은 P 제어에 D 제어를 더해 수행한 것과 같습니다. 순간적으로 속도가 너무 빨라지면 브레이크를 밟아 속도를 유지하고, 또 순간적으로 속도가 너무 줄어들면 악셀을 밟아 속도를 유지하려고 합니다.

03 _ PID 원리 이해하기

이제 PID 원리에 대해 좀 더 자세히 살펴보겠습니다. 다음 그림을 살펴봅니다.

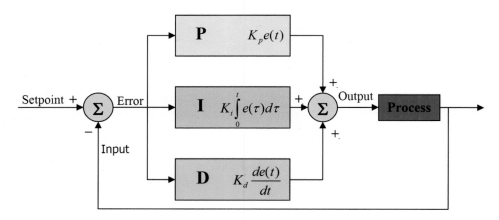

이 그림은 PID 제어기의 일반적인 구조를 나타냅니다. PID 제어기는 비례−적분−미분 제어기를 의미하며 실제 응용 분야에서 가장 많이 사용되는 대표적인 형태의 제어 기법입니다. PID 제어기는 기본적으로 피드백(feedback) 제어기의 형태를 가지고 있으며 제어하고자 하는 대상에 의해 정해지는 입력 값(Input)을 측정하여 이를 목표로 하는 설정 값(setpoint)과 비교하여 오차(error)를 계산합니다. 그리고 이 오차 값을 이용하여 제어에 필요한 제어 값(Output)을 계산하고, 이 제어 값은 다시 제어하고자 하는 대상의 입력으로 사용되는 구조로 되어 있습니다. 우리는 이 표준 PID 제어기를 이용해 드론을 제어해 볼 것입니다.

표준적인 형태의 PID 제어기는 다음 식과 같이 세 개의 항을 더하여 제어 값(MV:manipulated variable)을 계산하도록 구성되어 있습니다.

$$MV(t) = K_p e(t) + K_2 \int_0^t e(\tau)d\tau + K_d \frac{de}{dt}$$

이 항들은 각각 오차 값, 오차 값의 적분(integral), 오차 값의 미분(derivative)에 비례하기 때문에 비례−적분−미분 제어기(Proportional − Integral − Derivative controller)라는 이름을 가집니다. 이 세 개 항들의 직관적인 의미는 다음과 같습니다.

- 비례 항 : 현재 상태에서의 오차 값의 크기에 비례한 제어 작용을 합니다.
- 적분 항 : 일정한 상태(steady state)로 유지되는 오차를 없애는 작용을 합니다.
- 미분 항 : 출력 값의 급격한 변화에 제동을 걸어 목표 값을 지나가 버리는 오버 슛(overshoot)을 줄여 안정성(stability)을 향상시킵니다.

PID 제어기는 위와 같은 표준식의 형태로 사용하기도 하지만, 경우에 따라서는 약간 변형된 형태로 사용하는 경우도 많습니다. 예를 들어, 비례항만을 가지거나, 혹은 비례-적분, 비례-미분 항만을 가진 제어기의 형태로 단순화하여 사용하기도 하는데, 이때는 각각 P, PI, PD 제어기라고 불립니다. 다음은 Crazyflie 드론에서 사용하는 PID 제어기입니다.

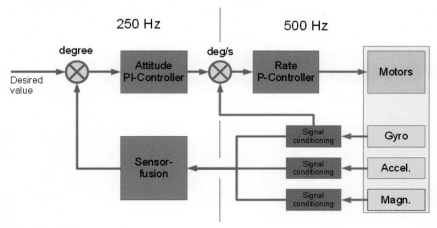

▲ 출처: https://www.bitcraze.io

이 그림에서 PID 제어기는 250Hz로 각도를 구하고, 500Hz로 각속도를 구하고 있습니다. 가속도 자이로 센서를 이용해 구한 각도에 대해서는 PI 연산을 수행하고, 자이로 센서를 이용해 구한 각속도에 대해서 P 연산을 수행해 더한 후, 모터를 제어하고 있습니다.

좀 더 복잡한 형태의 PID 제어기도 있습니다. 예를 들어, 이중 PID 제어기가 있습니다. 다음은 ArduPilot 드론에서 사용하는 이중 PID 제어기입니다.

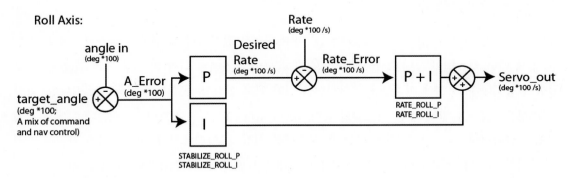

이 그림은 드론의 Roll 제어를 위한 이중 PID 제어기를 나타냅니다. 이 제어기에서는 일차적으로 가속도 센서를 통해 얻은 각도 오차에 대해 P, I 값을 구하고, 자이로 센서를 통해 얻은 각속도 오차에 대해 P, I 값을 구하고 더해 서보 모터로 나가는 출력을 계산하고 있습니다. 우리는 이 변형된 PID 제어기를 이용해서도 드론을 제어해 볼 것입니다.

비례 항 : P

비례항은 오차에 따라 출력(output)을 바꿉니다. 간단한 비례 제어기는 제어 매개변수 하나만 있습니다. 이 매개변수를 변경함에 따라 제어기는 변화에 크게 또는 작게 반응할 수 있습니다.

비례항은 다음과 같이 나타냅니다.

$$P = K_p \times e$$

P 제어기 출력(output)은 다음과 같습니다.

$$P_{out} = K_p \times e$$

다음은 K_p 매개변수의 크기에 따른 비례항 응답 곡선을 나타냅니다.

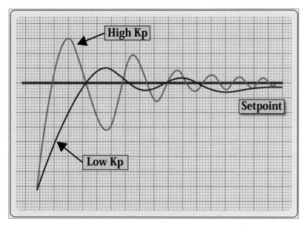

응답 곡선이란 시간에 대한 출력 값(Output) 자취 곡선을 말합니다. 그림에서 빨간색 파형은 높은 K_p 값에 대한 시스템의 응답 곡선입니다. K_p 값이 크면 시스템은 더 빨리 설정 점(Setpoint)에 도달합니다. 그러나 동시에 시스템은 불안정한 상태가 되고 설정 점 근처에서 진동하게 됩니다. 파란색 파형은 낮은 K_p 값에 대한 시스템의 응답 곡선입니다. K_p 값이 작으면 시스템은 더 늦게 설정점에 도달합니다. 그러나 몇 번의 진동 후 시스템은 설정 점 아래에서 일정한 오차를 가지며 안정된 상태가 됩니다. 시스템이 마지막 위치에 닿는데 필요한 충분한 힘을 출력(Output)이 공급하지 못하기 때문입니다.

적분 항 : I

비례 시스템은 대개 오차를 제거하기에 충분치 않습니다. 시스템은 현재 오차에 따라 출력을 바꿀 뿐만 아니라, 지금까지의 누적 오차에 따라 출력을 보고 바꿀 수 있어야 합니다. 적분 항은 시간에 걸친 오차의 합을 말합니다. 오차가 클 경우 적분 항에 의해 시간이 지나면서 오차의 합이 쌓이며 출력은 빠르게 변해 오차를 제거하게 됩니다.

적분 항은 다음과 같이 나타냅니다.

$$I = K_i \times \int e$$

다음은 낮은 K_p와 K_i 매개변수의 크기에 따른 PI 응답 곡선을 나타냅니다.

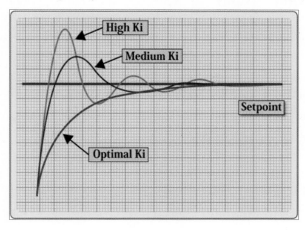

이 그림은 이전 그림의 낮은 K_p(Low K_p)의 응답곡선에 적분 항을 더해 얻은 PI 응답 곡선입니다. 그림에서 빨간색 파형은 (낮은 K_p + 높은 K_i) 값에 대한 시스템의 응답 곡선입니다. K_i 값이 크면 시스템은 더 빨리 설정 점에 도착합니다. 그러나 파형의 상승부도 큽니다. 그러나 순수한 비례 시스템과는 달리, 높은 파형 상승부가 있더라도, 시스템은 불안정한 상태로 남지 않습니다. 몇 번의 진동 후, 시스템은 설정 점에 붙어 안정됩니다. 파란색 파형은 중간 K_i 값에 대한 시스템의 응답 곡선입니다. 이 경우 시스템은 더 늦게 설정 점에 도착합니다. 그러나 시스템은 적은 진동과 함께 훨씬 더 빨리 안정됩니다. 보라색 파형은 최적의 K_i 값에 대한 시스템의 응답 곡선입니다. 이 경우 시스템은 아주 늦게 설정 점에 도착하지만 거의 진동 없이 설정 점에 도착해 안정됩니다.

PI 제어기 출력은 다음과 같이 나타냅니다.

$$P_{out} = K_p \times e + K_i \int e$$

미분 항 : D

마지막 항은 미분 항입니다. 이 항은 오차 변화율을 계산하고 그 결과를 출력에 더합니다. 만약 오차의 변화가 크지 않다면 미분 항의 값은 작으며 출력에 영향을 크게 미치지 않습니다. 그러나 오차가 갑작스레 크게 변한다면 시스템의 진동을 피하기 위해 미분 항의 값은 커집니다.

미분 항을 나타내는 식은 다음과 같습니다.

$$D = K_d \times (e_n - e_{n-1})$$

PID 제어기 출력은 다음과 같습니다.

$$P_{out} = K_p \times e + K_i \times \int e + K_d \times (e_n - e_{n-1})$$

PID 튜닝 방법

우리는 드론을 제어하기 위해 PID 제어기를 사용하게 됩니다. PID 제어기에서 우리가 결정하게 되는 것은 K_p, K_i, K_d 매개변수의 값이 됩니다. 이 값들을 얻어내면 우리는 드론을 안정되게 띄울 수 있습니다. 그러면 이 매개변수들의 값은 어떻게 결정해야 할까요?

K_p, K_i, K_d를 증폭 값 혹은 게인(gain)이라고 합니다. 그리고 적절한 증폭 값을 수학적 혹은 실험적-경험적 방법을 통해 계산하는 과정을 튜닝(tuning)이라고 합니다. PID 제어기의 튜닝에는 여러 가지 방법들이 있는데, 그중 가장 널리 알려진 것으로는 Ziegler-Nichols 방법이 있습니다. Ziegler-Nichols 방법은 경험적으로 PID 제어기를 조절하는 방법입니다. 이 방법은 John G. Ziegler와 Nathaniel B. Nichols에 의해 개발되었습니다.

다음은 Ziegler-Nichols 방법에 대한 표를 나타냅니다.

Ziegler-Nichols method			
Control Type	K_p	K_i	K_d
P	$0.50K_u$	-	-
PI	$0.45K_u$	$1.2K_p/T_u$	-
PID	$0.60K_u$	$2K_p/T_u$	$K_pT_u/8$

표에 의하면 만약 우리가 적절한 K_u와 T_u 값을 얻을 수 있다면, 또한 우리는 적절한 K_p, K_i, K_d의 값을 얻을 수 있습니다. 그러면 K_u와 T_u 값을 어떻게 구해야 할까요?

Ziegler–Nichols 방법은 K_i, K_d 증폭 값을 0으로 설정하고, K_p 증폭 값을 0부터 시작해서 최대 증폭 값(K_u)에 도달할 때까지 증가시킵니다. 최대 증폭 값(K_u)이란 시스템의 출력 값이 일정한 진폭으로 진동하는 시점의 K_p 값을 말합니다. 그리고 이 시점의 진동 주기가 T_u 가 됩니다. K_u 와 T_u 값을 구했다면, 사용되는 제어기의 형태에 따라 K_p, K_i, K_d 증폭 값을 설정할 수 있습니다.

다음 그림은 Ziegler–Nichols 방법을 이용하여 온도 제어를 위한 적절한 와 K_u 와 T_u 값을 얻기 위한 과정을 보여주고 있습니다.

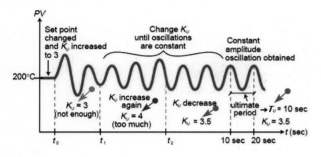

빨간색 화살표 구간에서는 시스템의 출력 값이 수렴하는 구간에서의 K_u 값을 나타냅니다. 우리가 원하는 값이 아닙니다.

파란색 화살표 구간에서는 시스템의 출력 값이 발산하는 구간에서의 K_u 값을 나타냅니다. 역시 우리가 원하는 값이 아닙니다.

초록색 화살표 구간에서는 시스템의 출력 값이 일정하게 진동하는 구간에서의 K_u 값을 나타냅니다. 바로 우리가 찾던 K_u 값입니다. 그리고 이 파형의 주기가 바로 우리가 찾던 T_u 값입니다.

04 _ 표준 PID 제어기 알고리즘 구하기

여기서는 표준 PID 제어기 알고리즘을 구합니다. 여기서 구한 알고리즘을 이용하여 다음 단원에서 표준 PID 제어기를 구현합니다.

다음은 앞에서 살펴본 표준 PID 제어기입니다.

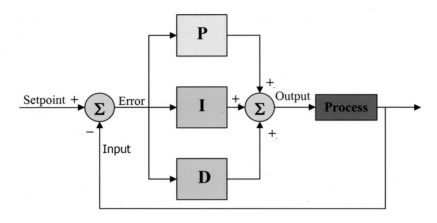

표준 PID 제어기 알고리즘은 다음과 같습니다.

```
Error = Setpoint - Input
PTerm = Kp * Error
ITerm += Ki * Error * dt
```

현재 오차(Error)는 설정(Setpoint) 값에서 현재 입력(Input)값을 빼서 구합니다.

비례항(PTerm)은 비례매개변수(Kp)에 현재 오차를 곱해서 구합니다.

적분항(ITerm)은 적분매개변수(Ki)에 현재 오차와 센서 입력 주기(dt) 값을 곱해 더해줍니다. 미세 값을 반복적으로 더하는 과정이 바로 적분이며, 스케치로는 이와 같은 형태로 표현합니다.

```
dError = Error - prevError
DTerm = Kd * (dError / dt)
```

미분항(DTerm)을 구하기 위해서는 오차의 변화율이 필요합니다.

오차 변화(dError)는 현재 오차(Error)에서 이전 오차(prevError)를 뺀 값입니다.

미분항(DTerm)은 미분매개변수(Kd)에 오차 변화율을 곱한 값입니다.

오차 변화율은 오차 변화를 센서 입력 주기(dt) 값으로 나눈 값이 됩니다.

출력 값은 다음과 같습니다.

```
Output = PTerm + ITerm + DTerm
```

출력값(Output)은 비례항(PTerm), 적분항(ITerm), 미분항(DTerm)을 더한 값이 됩니다.
이렇게 해서 PID 출력값을 정할 수 있습니다.
그런데 미분항의 경우 실제로는 다음 루틴을 사용해야 합니다.

```
dInput = Input - prevInput
DTerm = - Kd * (dInput / dt)
```

왜 그런지 살펴보도록 하겠습니다. 먼저 다음 그림을 살펴봅니다.

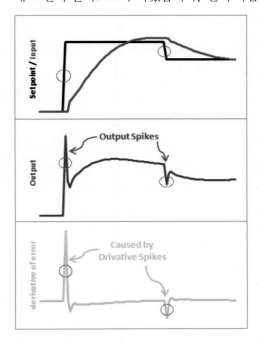

첫 번째 그림에서 검은 선은 Setpoint를 나타냅니다. 빨간 원으로 표시한 부분은 Setpoint 값을 변경하는 부분입니다. 예를 들어, 드론을 이동하기 위해 사용자가 Roll 값을 변경하는 상황과 같다고 생각하면 됩니다. 이 경우 두 번째 그림을 통해 Output 값이 급격하게 변하는 부분이 발생하는 것을 볼 수 있습니다. 이것은 드론의 모터 속도를 갑자기 높이거나 낮추는 결과로 연결 되며, 드론을 불안정한 상태로 만들게 됩니다. 이런 상황이 발생하는 이
유는 세 번째 그림을 통해 알 수 있습니다. 바로 미분항의 값이 급격하게 커지거나 작아지는 부분이 발생하는 것을 볼 수 있습니다.
왜 이런 상황이 발생할까요? 좀 더 자세히 살펴보도록 하겠습니다.

$$Error = Setpo\operatorname{int} - Input$$

이므로 갑작스런 Setpoint 값 변경은 갑작스런 Error 변화를 유도하고 그 결과 미분항의 값이 극대화하게 됩니다. 이것은 갑작스런 Output 변화를 초래하게 됩니다.

예를 들어, 다음과 같은 상황을 생각해 보겠습니다.

드론이 수평 상태로 떠 있습니다. 드론이 수평을 유지하기 위해서 Setpoint 값은 0도입니다. 드론이 수평을 잘 유지하고 있다면 현재 Input 값도 0도에 가깝습니다. 드론이 약간 기울어져 Input 값을 −0.04도 라고 가정하겠습니다. 이 경우 Error값은 (0 − (−0.04) == 0.04도가 됩니다. 이전 Error의 값은 0.08도라고 가정하겠습니다. 그러면 dError의 경우 (0.04 − 0.08) == −0.04 값이 됩니다. 센서 입력 주기는 0.004초라고 가정하겠습니다. 즉, 4ms라고 가정합니다. 그러면 dError 값은 (−0.04/0.004) == −10이 됩니다. 이 경우는 정상적인 상황입니다.

그런데 사용자가 드론을 이동하기 위해 Roll의 각도를 변경합니다. 예를 들어, 3도라고 가정하겠습니다. 그러면 Setpoint의 값이 3도가 됩니다. 현재 드론은 수평 상태에 가까워 Input 값은 −0.04도라고 가정합니다. 이 경우 Error 값은 (3 − (−0.04)) == 3.04가 됩니다. 이전 Error 값은 앞에서와 마찬가지로 0.08도라고 가정합니다. 그러면 dError의 경우 (3.04 − 0.08) == 2.96 값이 됩니다. 센서 입력 주기는 앞에서와 마찬가지로 0.004초라고 가정하겠습니다. 그러면 dError 값은 (2.96/0.004) == 740이 됩니다. 이 경우는 비정상적인 상황으로 드론이 극도로 불안정한 상태가 됩니다.

드론에서 Setpoint가 변하는 상황은 배에서 방향을 변경하는 상황과 같습니다. 예를 들어, 배의 방향을 현재 진행 방향을 기준으로 우측으로 45도 변경하는 상황과 같습니다. Setpoint 변경은 목표 값 변경을 의미하며 이것은 내부적인 의도에 의해 발생합니다. 이때는 비례항이 그 역할을 합니다. 미분항의 경우는 갑작스런 외력의 변화에 저항하기 위해 사용됩니다. 결론적으로, Setpoint의 변화는 내부적인 의도를 나타내며, 갑작스런 외력의 변화에 저항하기 위해 필요한 미분항에 논리적으로 적용될 수 없습니다. 그래서 우리는 Setpoint가 변하는 상황을 미분항에서 **빼야** 합니다.

다음과 같이 미분항의 오차변화율에서 Setpoint를 없애줄 수 있습니다.

$$Error = Setpo\operatorname{int} - Input$$

이므로

$$\frac{dError}{dt} = \frac{dSetpo\operatorname{int}}{dt} - \frac{dInput}{dt}$$

입니다. 오차변화율에서 Setpoint 값이 변하는 상황을 없애면

$$\frac{dError}{dt} = -\frac{dInput}{dt}$$

가 됩니다.

즉, 오차변화율에서 Setpoint가 변하는 경우를 빼면, Error의 미분은 부호가 바뀐 Input의 미분과 같아집니다. 그래서 (Kd * dError)를 더해주는 대신에 (Kd * dInput)을 빼줍니다. 이렇게 하면 Setpoint의 변화가 Output의 결과에 영향을 주지 못하게 됩니다.

그래서 미분항의 경우 다음 루틴을 사용합니다.

```
dInput = Input - prevInput
DTerm = - Kd * (dInput / dt)
```

이렇게 하면 그래프는 다음과 같이 변하게 됩니다.

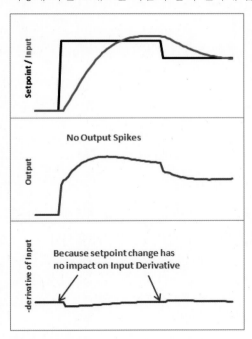

첫 번째 그림에서 Setpoint를 변경하는 상황에서도 Output이 갑자기 변하는 상황은 발생하지 않으며, 이는 dError에서 Setpoint를 상수로 가정해 −dInput을 사용해서 얻어진 결과입니다.

그래서 우리가 사용할 표준 PID 알고리즘은 다음과 같습니다.

```
Error = Setpoint - Input
PTerm = Kp * Error
ITerm += Ki * Error * dt

dInput = Input - prevInput
DTerm = - Kd * (dInput / dt)

Output = PTerm + ITerm + DTerm
```

이상에서 표준 PID 알고리즘을 구해 보았습니다. 이 알고리즘을 드론에 적용하면 다음과 같습니다.

```
angle_error = target_angle - current_angle
PTerm = Kp * angle_error
ITerm += Ki * angle_error * dt

dAngle = current_angle - previous_angle
DTerm = - Kd * (dAngle / dt)

balancing_force = PTerm + ITerm + DTerm
```

- angle_error : 각도 오차
- target_angle : 목표 각도
- current_angle : 현재 각도
- balancing_force : 균형 힘

※ 드론의 경우 PID 출력은 드론의 균형을 잡기 위한 모터로의 출력이 됩니다. 그래서 여기서는 balancing_force라는 이름을 사용하였습니다.

(dAngle / dt)은 각도 변화율을 나타냅니다. 각도 변화율은 회전 속도(=각속도)을 나타내며, 이 값은 자이로 센서를 이용하여 구할 수 있습니다. 따라서 미분항의 경우 다음 루틴을 사용합니다.

```
DTerm = - Kd * gyRate
```

그래서 우리가 드론에서 사용할 표준 PID 알고리즘은 다음과 같습니다.

```
angle_error = target_angle - current_angle
PTerm = Kp * angle_error
ITerm += Ki * angle_error * dt

DTerm = - Kd * gyRate

balancing_force = PTerm + ITerm + DTerm
```

여기서 Kp, Ki, Kd 값은 각도나 회전속도를 증폭 또는 감소시켜 모터의 출력으로 연결하는 역할을 합니다.

05 _ 비례항 P 구현하기

이제 앞에서 구한 표준 PID 제어기 알고리즘을 구현해 보도록 합니다. 여기서는 먼저 다음 식을 이용하여 비례항 P를 적용해 봅니다.

```
angle_error = target_angle - current_angle
PTerm = Kp * angle_error

Output = PTerm
```

■ 다음과 같이 예제를 수정합니다. 3120.ino 예제를 복사하여 수정합니다.

```
450.ino
001     #include <Wire.h>
002
003     void setup() {
004             Serial.begin(115200);
005
006             Wire.begin();
007             Wire.setClock(400000);
008
009             Wire.beginTransmission(0x68);
010             Wire.write(0x6b);
011             Wire.write(0x0);
012             Wire.endTransmission(true);
013     }
014
015     void loop() {
016             Wire.beginTransmission(0x68);
017             Wire.write(0x3B);
018             Wire.endTransmission(false);
019             Wire.requestFrom((uint16_t)0x68,(uint8_t)14,true);
020
021             int16_t AcXH = Wire.read();
022             int16_t AcXL = Wire.read();
023             int16_t AcYH = Wire.read();
024             int16_t AcYL = Wire.read();
025             int16_t AcZH = Wire.read();
026             int16_t AcZL = Wire.read();
027             int16_t TmpH = Wire.read();
028             int16_t TmpL = Wire.read();
029             int16_t GyXH = Wire.read();
030             int16_t GyXL = Wire.read();
031             int16_t GyYH = Wire.read();
```

```
032              int16_t GyYL = Wire.read();
033              int16_t GyZH = Wire.read();
034              int16_t GyZL = Wire.read();
035
036              int16_t AcX = AcXH <<8 |AcXL;
037              int16_t AcY = AcYH <<8 |AcYL;
038              int16_t AcZ = AcZH <<8 |AcZL;
039              int16_t GyX = GyXH <<8 |GyXL;
040              int16_t GyY = GyYH <<8 |GyYL;
041              int16_t GyZ = GyZH <<8 |GyZL;
042
043              static int32_t AcXSum =0, AcYSum =0, AcZSum =0;
044              static int32_t GyXSum =0, GyYSum =0, GyZSum =0;
045              static double AcXOff =0.0, AcYOff =0.0, AcZOff =0.0;
046              static double GyXOff =0.0, GyYOff =0.0, GyZOff =0.0;
047              static int cnt_sample =1000;
048              if(cnt_sample >0) {
049                      AcXSum += AcX; AcYSum += AcY; AcZSum += AcZ;
050                      GyXSum += GyX; GyYSum += GyY; GyZSum += GyZ;
051                      cnt_sample --;
052                      if(cnt_sample ==0) {
053                              AcXOff = AcXSum /1000.0;
054                              AcYOff = AcYSum /1000.0;
055                              AcZOff = AcZSum /1000.0;
056                              GyXOff = GyXSum /1000.0;
057                              GyYOff = GyYSum /1000.0;
058                              GyZOff = GyZSum /1000.0;
059                      }
060                      delay(1);
061                      return;
062              }
063
064              double AcXD = AcX - AcXOff;
065              double AcYD = AcY - AcYOff;
066              double AcZD = AcZ - AcZOff +16384;
067
068              double GyXD = GyX - GyXOff;
069              double GyYD = GyY - GyYOff;
070              double GyZD = GyZ - GyZOff;
071
072              static unsigned long t_prev =0;
073              unsigned long t_now = micros();
074              double dt = (t_now - t_prev)/1000000.0;
075              t_prev = t_now;
076
077              const float GYROXYZ_TO_DEGREES_PER_SEC =131;
```

```
078        double GyXR = GyXD /GYROXYZ_TO_DEGREES_PER_SEC;
079        double GyYR = GyYD /GYROXYZ_TO_DEGREES_PER_SEC;
080        double GyZR = GyZD /GYROXYZ_TO_DEGREES_PER_SEC;
081
082        static double gyAngleX =0.0, gyAngleY =0.0, gyAngleZ =0.0;
083        gyAngleX += GyXR *dt;
084        gyAngleY += GyYR *dt;
085        gyAngleZ += GyZR *dt;
086
087        const float RADIANS_TO_DEGREES =180 /3.14159;
088        double AcYZD = sqrt(pow(AcY,2) + pow(AcZ,2));
089        double AcXZD = sqrt(pow(AcX,2) + pow(AcZ,2));
090        double acAngleY = atan(-AcXD /AcYZD)*RADIANS_TO_DEGREES;
091        double acAngleX = atan(AcYD /AcXZD)*RADIANS_TO_DEGREES;
092        double acAngleZ =0;
093
094        const double ALPHA =0.96;
095        static double cmAngleX =0.0, cmAngleY =0.0, cmAngleZ =0.0;
096        cmAngleX=ALPHA*(cmAngleX+GyXR*dt)+(1.0-ALPHA)*acAngleX;
097        cmAngleY=ALPHA*(cmAngleY+GyYR*dt)+(1.0-ALPHA)*acAngleY;
098        cmAngleZ = gyAngleZ;
099
100        static double tAngleX = 0.0, tAngleY = 0.0, tAngleZ = 0.0;
101        double eAngleX = tAngleX - cmAngleX;
102        double eAngleY = tAngleY - cmAngleY;
103        double eAngleZ = tAngleZ - cmAngleZ;
104
105        double Kp = 1.0;
106        double BalX = Kp * eAngleX;
107        double BalY = Kp * eAngleY;
108        double BalZ = Kp * eAngleZ;
109
110        static int cnt_loop;
111        cnt_loop ++;
112        if(cnt_loop%200 !=0) return;
113
114        Serial.printf(" dt = %8.6f", dt);
115        Serial.printf(" | cmAngleX = %6.1f", cmAngleX);
116        Serial.printf(" | cmAngleY = %6.1f", cmAngleY);
117        Serial.printf(" | cmAngleZ = %6.1f", cmAngleZ);
118        Serial.printf(" | BalX = %6.1f", BalX);
119        Serial.printf(" | BalY = %6.1f", BalY);
120        Serial.printf(" | BalZ = %6.1f", BalZ);
121        Serial.println();
122    }
```

: 드론의 목표 각도를 저장할 변수 tAngleX, tAngleY, tAngleZ를 선언한 후, 각각 0.0으로 초기화합니다. static으로 선언하여 loop 함수를 빠져나가도 변수의 값이 유지되도록 합니다. 지역 변수에 static 속성을 주면 전역 변수와 같은 공간에 놓이지만 변수가 선언된 함수 내에서만 볼 수 있게 됩니다.

101 : 목표 각도(tAngleX)에서 현재 각도(cmAngleX)를 빼 현재 각도 오차를 구해 eAngleX에 저장합니다.

102 : 목표 각도(tAngleY)에서 현재 각도(cmAngleY)를 빼 현재 각도 오차를 구해 eAngleY에 저장합니다.

103 : 목표 각도(tAngleZ)에서 현재 각도(cmAngleZ)를 빼 현재 각도 오차를 구해 eAngleZ에 저장합니다.

105 : 각도 오차에 대해 증폭 또는 감소 값을 저장할 Kp 변수를 선언한 후, 1.0으로 초기화합니다.

106 : roll의 각도 오차(eAngleX)에 증폭 값 Kp를 곱해 좌우 균형을 잡기 위한 힘을 구합니다. 힘이 더 필요한 경우엔 Kp 값을 1보다 크게 해 주면 됩니다. 힘이 너무 센 경우에는 Kp 값을 1보다 작게 해 주면 됩니다. 여기서는 일단 1 값으로 테스트를 수행합니다.

107 : pitch의 각도 오차(eAngleY)에 증폭 값 Kp를 곱해 전후 균형을 잡기 위한 힘을 구합니다. 힘이 더 필요한 경우엔 Kp 값을 1보다 크게 해 주면 됩니다. 힘이 너무 센 경우에는 Kp 값을 1보다 작게 해 주면 됩니다. 여기서는 일단 1 값으로 테스트를 수행합니다.

108 : yaw의 각도 오차(eAngleY)에 증폭 값 Kp를 곱해 수평 좌우 균형을 잡기 위한 힘을 구합니다. 힘이 더 필요한 경우엔 Kp 값을 1보다 크게 해 주면 됩니다. 힘이 너무 센 경우에는 Kp 값을 1보다 작게 해 주면 됩니다. 여기서는 일단 1 값으로 테스트를 수행합니다.

118~120 : BalX, BalY, BalZ 값을 출력하는 부분을 추가합니다. %6.1f는 6자리 소수, 소수점 이하 1자리까지로 표시하도록 합니다.

2 드론을 다음과 같이 평평한 지면에 놓습니다.

스케치 업로드 시 센서가 초기화되므로 센서를 수평 상태로 초기화하기 위해 평평한 면에 놓는 것입니다.

3 컴파일과 업로드를 수행한 후 [시리얼 모니터] 버튼을 클릭합니다.

4 시리얼 모니터 창이 뜨면, 우측 하단에서 통신 속도를 115200으로 맞춰줍니다.

| 새 줄 ∨ | 115200 보드레이트 ∨ | 출력 지우기 |

5 드론을 평평한 지면에 놓은 상태로 시리얼 모니터를 확인해 봅니다.

다음 그림을 기준으로 드론을 천천히 회전 시키면서 테스트합니다.

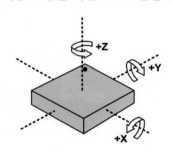

다음은 드론을 오른쪽으로 기울인 상태의 출력화면입니다. 75도 정도 기울어진 상태입니다.

```
dt = 0.000550 | cmAngleX =   75.7 | cmAngleY =   -3.3 | cmAngleZ =   10.4 | BalX =  -75.7 | BalY =   3.3 | BalZ =  -10.4
dt = 0.000542 | cmAngleX =   75.6 | cmAngleY =   -3.3 | cmAngleZ =   10.4 | BalX =  -75.6 | BalY =   3.3 | BalZ =  -10.4
dt = 0.000543 | cmAngleX =   75.8 | cmAngleY =   -3.3 | cmAngleZ =   10.4 | BalX =  -75.8 | BalY =   3.3 | BalZ =  -10.4
dt = 0.000542 | cmAngleX =   75.9 | cmAngleY =   -3.3 | cmAngleZ =   10.4 | BalX =  -75.9 | BalY =   3.3 | BalZ =  -10.4
dt = 0.000543 | cmAngleX =   75.8 | cmAngleY =   -3.3 | cmAngleZ =   10.4 | BalX =  -75.8 | BalY =   3.3 | BalZ =  -10.4
```

BalX의 값이 cmAngleX 값과 크기는 같고 부호는 반대인 것을 확인합니다. 즉, 현재는 기울어진 각
도에 따라 같은 크기의 값이 부호가 바뀌어 출력됩니다. 이 출력이 모터로 연결됩니다.

다음은 드론을 앞쪽으로 기울인 상태의 출력화면입니다. 83도 정도 기울어진 상태입니다.

```
dt = 0.000550 | cmAngleX =    1.8 | cmAngleY =   83.3 | cmAngleZ =  -57.2 | BalX =   -1.8 | BalY =  -83.3 | BalZ =   57.2
dt = 0.000543 | cmAngleX =    1.8 | cmAngleY =   83.3 | cmAngleZ =  -57.2 | BalX =   -1.8 | BalY =  -83.3 | BalZ =   57.2
dt = 0.000542 | cmAngleX =    1.7 | cmAngleY =   83.2 | cmAngleZ =  -57.1 | BalX =   -1.7 | BalY =  -83.2 | BalZ =   57.1
dt = 0.000542 | cmAngleX =    1.9 | cmAngleY =   83.3 | cmAngleZ =  -57.1 | BalX =   -1.9 | BalY =  -83.3 | BalZ =   57.1
dt = 0.000542 | cmAngleX =    1.8 | cmAngleY =   83.3 | cmAngleZ =  -57.1 | BalX =   -1.8 | BalY =  -83.3 | BalZ =   57.1
```

BalY의 값이 cmAngleY 값과 크기는 같고 부호는 반대인 것을 확인합니다. 즉, 현재는 기울어진 각
도에 따라 같은 크기의 값이 부호가 바뀌어 출력됩니다. 이 출력이 모터로 연결됩니다.

06 _ 모터 속도 분배 알고리즘 살펴보기

여기서는 앞에서 얻은 Roll, Pitch, Yaw의 균형 값을 이용하여 드론이 기울어진 방향에 따라 모터 A, B, C, D의 속도를 계산하는 방법을 알아봅니다.

Roll의 균형 값과 모터 속도

먼저 다음 그림을 살펴봅니다.

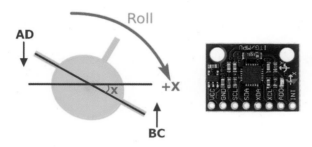

그림에서 우리는 드론을 뒤에서 보고 있습니다. 그러면 곡선 +X 축 방향으로 각도 x 만큼 회전한 후, 원래 위치로 돌아오려고 할 경우에 모터 A, B, C, D의 속도를 생각해 보겠습니다.

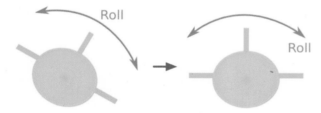

이 경우 각도 x와 모터 속도 A, B, C, D의 관계는 다음과 같습니다.

$$x > \text{이면 } AD \downarrow BC \uparrow$$

각도 x가 양수이면, 즉, 그림에서 드론이 오른쪽 방향으로 기운 상태이면 모터 A, D의 속도는 감소해야 하고, 모터 B, C의 속도는 증가해야 합니다.
그리고 각도 x가 양수이면 Roll의 균형 힘 값은 음수가 됩니다.

$$x > \text{이면 } ROLL_{balancing} < 0$$

이에 대한 내용은 [비례항 P 구현하기] 단원에서 살펴보았습니다.

따라서 Roll의 균형 힘 값과 모터의 속도와의 관계는 다음과 같습니다.

$$ROLL_{balancing} < 0 \ 이면 \ AD\downarrow BC\uparrow$$

즉, Roll의 균형 힘 값이 음수이면, 모터 A, D의 속도는 감소해야 하고, 모터 B, C의 속도는 증가해야 합니다. 이는 반대로 다음과 같이 생각할 수 있습니다.

$$ROLL_{balancing} > 0 \ 이면 \ AD\uparrow BC\downarrow$$

Pitch의 균형 값과 모터 속도

다음은 Pitch의 균형 값에 따라 A, B, C, D 모터의 속도에 대한 증가 감소에 대해 살펴보겠습니다. 다음 그림을 살펴봅니다.

그림에서 우리는 드론의 왼쪽에서 보고 있습니다. 그러면 곡선 +Y 축 방향으로 각도 y 만큼 회전한 후, 원래 위치로 돌아오려고 할 경우에 모터 A, B, C, D의 속도를 생각해 보겠습니다.

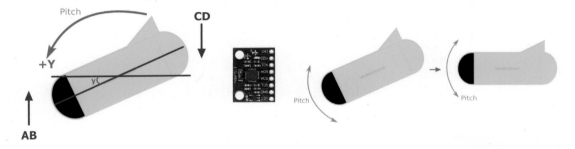

이 경우 각도 y와 모터 속도 A, B, C, D의 관계는 다음과 같습니다.

$$Y > 0 \ 이면 \ AB\uparrow CD\downarrow$$

각도 y가 양수이면, 즉, 그림에서 드론이 아래 방향으로 기운 상태이면 모터 A, B의 속도는 증가해야 하고, 모터 C, D의 속도는 감소해야 합니다.

그리고 각도 y가 양수가 되면 Pitch의 균형 힘 값은 음수가 됩니다.

$$Y > 0 \ 이면 \ Pitch_{balancing} < 0$$

이에 대한 내용은 [비례항 P 구현하기] 단원에서 살펴보았습니다.

따라서 Pitch의 균형 힘 값과 모터의 속도와의 관계는 다음과 같습니다.

$$Pitch_{balancing} < 0 \ 이면 \ AB\uparrow CD\downarrow$$

즉, Pitch의 균형 힘 값이 음수가 되면, 모터 A, B의 속도는 증가해야 하고, 모터 C, D의 속도는 감소해야 합니다. 이는 반대로 다음과 같이 생각할 수 있습니다.

$$Pitch_{balancing} > 0 \quad \text{이면} \quad AB \downarrow CD \uparrow$$

Yaw의 균형 값과 모터 속도

다음은 Yaw의 균형 힘 값에 따라 A, B, C, D 모터의 속도에 대한 증가 감소에 대해 살펴보겠습니다. 다음 그림을 살펴봅니다.

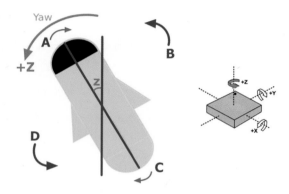

이 그림은 드론을 위에서 본 모양입니다. ESP32 아두이노 드론에 있는 MPU6050을 기준으로 그린 그림입니다.

그림에서 반시계 방향으로 각도 z 만큼 회전한 후, 원래 위치로 돌아오려고 할 경우에 모터 A, B, C, D의 속도를 생각해 보겠습니다.

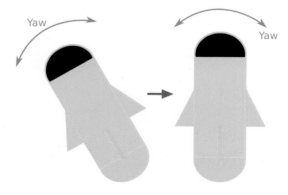

이 경우 각도 z와 모터 속도 A, B, C, D의 관계는 다음과 같습니다.

$$x > 0 \text{ 이면 } AC \downarrow BD \uparrow$$

각도 z가 양수가 되면 모터 A, C의 속도는 감소해야 하고, 모터 B, D의 속도는 증가해야 합니다. 이에 대한 내용은 [드론 수평 회전 테스트]에서 살펴보았습니다. 다음 그림을 다시 살펴보도록 합니다.

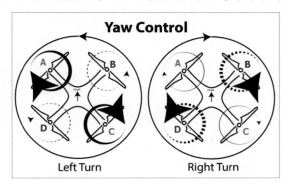

오른쪽 그림에서 드론이 오른쪽으로 회전하기 위해서는 모터 B, D의 속도는 증가해야 하고, 모터 A, C의 속도는 감소해야 합니다.
그리고 각도 z가 양수가 되면 Yaw의 균형 힘 값은 음수가 됩니다.

$$x > 0 \text{ 이면 } YAW_{balancing} < 0$$

이에 대한 내용은 [비례항 P 구현하기]의 원리와 같습니다.
따라서 Yaw의 균형 힘 값과 모터의 속도와의 관계는 다음과 같습니다.

$$YAW_{balancing} < 0 \text{ 이면 } AC \downarrow BD \uparrow$$

즉, Yaw의 균형 힘 값이 음수가 되면, 모터 A, C의 속도는 감소해야 하고, 모터 B, D의 속도는 증가해야 합니다. 이는 반대로 다음과 같이 생각할 수 있습니다.

$$YAW_{balancing} > 0 \text{ 이면 } AC \uparrow BD \downarrow$$

Roll, Pitch, Yaw의 균형 값과 모터 속도

이상에서 Roll, Pitch, Yaw의 균형 힘 값과 모터 A, B, C, D의 속도와의 관계는 다음과 같습니다.

$$ROLL_{balancing} > 0 \text{ 이면 } AD \uparrow BC \downarrow$$
$$Pitch_{balancing} > 0 \text{ 이면 } AB \downarrow CD \uparrow$$
$$YAW_{balancing} > 0 \text{ 이면 } AC \uparrow BD \downarrow$$

모터 중심으로 Roll, Pitch, Yaw의 균형 힘 값을 정리하면 다음과 같습니다.

모터 A의 속도 값은 Roll 균형 힘 값의 방향과 같고, Pitch 균형 힘 값의 방향과 반대, Yaw균형 힘 값의 방향과 같습니다.

모터 B의 속도 값은 Roll 균형 힘 값의 방향과 반대, Pitch 균형 힘 값의 방향과 반대, Yaw 균형 힘 값의 방향과 반대입니다.

모터 C의 속도 값은 Roll 균형 힘 값의 방향과 반대, Pitch 균형 힘 값의 방향과 같고, Yaw 균형 힘 값의 방향과 같습니다.

모터 D의 속도 값은 Roll 균형 힘 값의 방향과 같고, Pitch 균형 힘 값의 방향과 같고, Yaw 균형 힘 값의 방향과 반대입니다.

즉, 모터 A, B, C, D의 속도와 Roll, Pitch, Yaw의 균형 힘 값과의 관계는 다음과 같습니다.

$$A \uparrow ROLL_{balancing} > 0, \; A \uparrow PITCH_{balancing} < 0, \; YAW_{balancing} > 0$$
$$B \uparrow ROLL_{balancing} < 0, \; B \uparrow PITCH_{balancing} < 0, \; YAW_{balancing} < 0$$
$$C \uparrow ROLL_{balancing} < 0, \; C \uparrow PITCH_{balancing} > 0, \; YAW_{balancing} > 0$$
$$D \uparrow ROLL_{balancing} > 0, \; D \uparrow PITCH_{balancing} > 0, \; YAW_{balancing} < 0$$

쓰로틀의 경우 모터 A, B, C, D에 공통으로 적용됩니다.

다음은 ESP32 아두이노 드론에서 roll, pitch, yaw의 균형 힘 값에 따른 A, B, C, D 모터 속도 알고리즘을 나타냅니다.

```
motorA_speed = throttle + roll_balancing - pitch_balancing + yaw_balancing;
motorB_speed = throttle - roll_balancing - pitch_balancing - yaw_balancing;
motorC_speed = throttle - roll_balancing + pitch_balancing + yaw_balancing;
motorD_speed = throttle + roll_balancing + pitch_balancing - yaw_balancing;
```

이상에서 Roll, Pitch, Yaw의 균형 힘 값과 모터 A, B, C, D의 속도와의 관계를 살펴보았습니다.

07 _ 모터 속도 분배 구현하기

여기서는 앞에서 얻은 Roll, Pitch, Yaw의 출력 값을 이용하여 드론이 기울어진 방향에 따라 4 모터에 대해 속도를 분배하는 루틴을 추가하도록 합니다. 아직 드론을 날리지는 않습니다.

1 다음과 같이 예제를 수정합니다. 450.ino 예제를 복사하여 수정합니다.

```
470.ino
001    #include <Wire.h>
002
003    void setup() {
004            Serial.begin(115200);
005
006            Wire.begin();
007            Wire.setClock(400000);
008
009            Wire.beginTransmission(0x68);
010            Wire.write(0x6b);
011            Wire.write(0x0);
012            Wire.endTransmission(true);
013    }
014
015    int throttle = 400;
016    void loop() {
017            Wire.beginTransmission(0x68);
018            Wire.write(0x3B);
019            Wire.endTransmission(false);
020            Wire.requestFrom((uint16_t)0x68,(uint8_t)14,true);
021
022            int16_t AcXH = Wire.read();
023            int16_t AcXL = Wire.read();
024            int16_t AcYH = Wire.read();
025            int16_t AcYL = Wire.read();
026            int16_t AcZH = Wire.read();
027            int16_t AcZL = Wire.read();
028            int16_t TmpH = Wire.read();
029            int16_t TmpL = Wire.read();
030            int16_t GyXH = Wire.read();
031            int16_t GyXL = Wire.read();
032            int16_t GyYH = Wire.read();
033            int16_t GyYL = Wire.read();
034            int16_t GyZH = Wire.read();
035            int16_t GyZL = Wire.read();
036
```

```
037                int16_t AcX = AcXH <<8 |AcXL;
038                int16_t AcY = AcYH <<8 |AcYL;
039                int16_t AcZ = AcZH <<8 |AcZL;
040                int16_t GyX = GyXH <<8 |GyXL;
041                int16_t GyY = GyYH <<8 |GyYL;
042                int16_t GyZ = GyZH <<8 |GyZL;
043
044                static int32_t AcXSum =0, AcYSum =0, AcZSum =0;
045                static int32_t GyXSum =0, GyYSum =0, GyZSum =0;
046                static double AcXOff =0.0, AcYOff =0.0, AcZOff =0.0;
047                static double GyXOff =0.0, GyYOff =0.0, GyZOff =0.0;
048                static int cnt_sample =1000;
049                if(cnt_sample >0) {
050                        AcXSum += AcX; AcYSum += AcY; AcZSum += AcZ;
051                        GyXSum += GyX; GyYSum += GyY; GyZSum += GyZ;
052                        cnt_sample --;
053                        if(cnt_sample ==0) {
054                                AcXOff = AcXSum /1000.0;
055                                AcYOff = AcYSum /1000.0;
056                                AcZOff = AcZSum /1000.0;
057                                GyXOff = GyXSum /1000.0;
058                                GyYOff = GyYSum /1000.0;
059                                GyZOff = GyZSum /1000.0;
060                        }
061                        delay(1);
062                        return;
063                }
064
065                double AcXD = AcX - AcXOff;
066                double AcYD = AcY - AcYOff;
067                double AcZD = AcZ - AcZOff +16384;
068
069                double GyXD = GyX - GyXOff;
070                double GyYD = GyY - GyYOff;
071                double GyZD = GyZ - GyZOff;
072
073                static unsigned long t_prev =0;
074                unsigned long t_now = micros();
075                double dt = (t_now - t_prev)/1000000.0;
076                t_prev = t_now;
077
078                const float GYROXYZ_TO_DEGREES_PER_SEC =131;
079                double GyXR = GyXD /GYROXYZ_TO_DEGREES_PER_SEC;
080                double GyYR = GyYD /GYROXYZ_TO_DEGREES_PER_SEC;
081                double GyZR = GyZD /GYROXYZ_TO_DEGREES_PER_SEC;
082
```

```
083          static double gyAngleX =0.0, gyAngleY =0.0, gyAngleZ =0.0;
084          gyAngleX += GyXR *dt;
085          gyAngleY += GyYR *dt;
086          gyAngleZ += GyZR *dt;
087
088          const float RADIANS_TO_DEGREES =180 /3.14159;
089          double AcYZD = sqrt(pow(AcY,2) + pow(AcZ,2));
090          double AcXZD = sqrt(pow(AcX,2) + pow(AcZ,2));
091          double acAngleY = atan(-AcXD /AcYZD)*RADIANS_TO_DEGREES;
092          double acAngleX = atan(AcYD /AcXZD)*RADIANS_TO_DEGREES;
093          double acAngleZ =0;
094
095          const double ALPHA =0.96;
096          static double cmAngleX =0.0, cmAngleY =0.0, cmAngleZ =0.0;
097          cmAngleX=ALPHA*(cmAngleX+GyXR*dt)+(1.0-ALPHA)*acAngleX;
098          cmAngleY=ALPHA*(cmAngleY+GyYR*dt)+(1.0-ALPHA)*acAngleY;
099          cmAngleZ = gyAngleZ;
100
101          static double tAngleX = 0.0, tAngleY = 0.0, tAngleZ = 0.0;
102          double eAngleX = tAngleX - cmAngleX;
103          double eAngleY = tAngleY - cmAngleY;
104          double eAngleZ = tAngleZ - cmAngleZ;
105
106          double Kp = 1.0;
107          double BalX = Kp * eAngleX;
108          double BalY = Kp * eAngleY;
109          double BalZ = Kp * eAngleZ;
110
111          double speedA = throttle + BalX - BalY + BalZ;
112          double speedB = throttle - BalX - BalY - BalZ;
113          double speedC = throttle - BalX + BalY + BalZ;
114          double speedD = throttle + BalX + BalY - BalZ;
115
116          static int cnt_loop;
117          cnt_loop ++;
118          if(cnt_loop%200 !=0) return;
119
120          Serial.printf(" dt = %8.6f ", dt);
121          Serial.printf(" | A = %6.1f ", speedA);
122          Serial.printf(" | B = %6.1f ", speedB);
123          Serial.printf(" | C = %6.1f ", speedC);
124          Serial.printf(" | D = %6.1f ", speedD);
125          Serial.println();
126
127      }
```

15 : 모터 A, B, C, D에 공통적으로 적용될 throttle 변수를 선언한 후, 값을 400으로 초기화합니다. 여기서는 실습을 위해 일단 400으로 잡았습니다. 뒤에서 throttle 변수는 110 번째 줄에서 사용합니다. 그래서 전역 변수로 선언했습니다.

111~114 : 앞에서 구한 모터 속도 계산 알고리즘을 이용하여 모터 A, B, C, D에 대한 속도 값을 계산합니다. 다음을 참고합니다.

```
motorA_speed = throttle + roll_balancing - pitch_balancing + yaw_balancing;
motorB_speed = throttle - roll_balancing - pitch_balancing - yaw_balancing;
motorC_speed = throttle - roll_balancing + pitch_balancing + yaw_balancing;
motorD_speed = throttle + roll_balancing + pitch_balancing - yaw_balancing;
```

121~124 : 모터 A, B, C, D에 적용될 속도 값을 출력하는 부분을 추가합니다.

2 드론을 다음과 같이 평평한 지면에 놓습니다.

스케치 업로드 시 센서가 초기화되므로 센서를 수평 상태로 초기화하기 위해 평평한 면에 놓는 것입니다.

3 컴파일과 업로드를 수행한 후 [시리얼 모니터] 버튼을 클릭합니다.

4 시리얼 모니터 창이 뜨면, 우측 하단에서 통신 속도를 115200으로 맞춰줍니다.

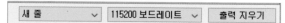

5 드론을 평평한 지면에 놓은 상태로 시
리얼 모니터를 확인해 봅니다.

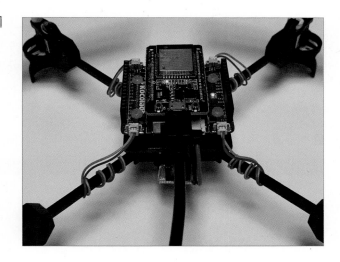

다음 그림을 기준으로 드론을 천천히 회전 시키면서 테스트합니다.

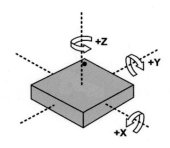

다음은 드론을 오른쪽으로 기울인 상태에서 얻은 결과 값입니다.

```
dt = 0.000543 | A =   309.9 | B =   480.1 | C =   471.4 | D =   338.5
dt = 0.000549 | A =   310.0 | B =   480.2 | C =   471.3 | D =   338.5
dt = 0.000550 | A =   309.9 | B =   480.2 | C =   471.5 | D =   338.5
dt = 0.000543 | A =   309.9 | B =   480.3 | C =   471.5 | D =   338.3
dt = 0.000543 | A =   310.0 | B =   480.3 | C =   471.4 | D =   338.3
```

드론을 오른쪽으로 기울인 후, 모터 A, B, C, D의 속도를 확인합니다. 모터 B, C의 속도는 증가하고
모터 A, D의 속도는 감소하는 것을 확인합니다.

다음은 드론을 앞쪽으로 기울인 상태에서 얻은 결과 값입니다.

```
dt = 0.000543 | A =   484.5 | B =   482.0 | C =   320.6 | D =   312.9
dt = 0.000542 | A =   484.4 | B =   481.9 | C =   320.7 | D =   313.0
dt = 0.000550 | A =   484.5 | B =   481.9 | C =   320.7 | D =   312.9
dt = 0.000551 | A =   484.5 | B =   481.9 | C =   320.7 | D =   312.9
dt = 0.000542 | A =   484.5 | B =   481.7 | C =   320.7 | D =   313.0
```

드론을 압쪽으로 기울인 후, 모터 A, B, C, D의 속도를 확인합니다. 모터 A, B의 속도는 증가하고
모터 C, D의 속도는 감소하는 것을 확인합니다.

08 _ 사용자 입력 받기 : 시리얼

여기서는 시리얼을 통해 사용자로부터 throttle 값을 받아 모터 속도 값을 조절해 봅니다. 아직 드론을 날리지는 않습니다.

1 다음과 같이 예제를 작성합니다. 470.ino 예제를 복사하여 수정합니다.

```
480.ino
001     #include <Wire.h>
002
003     void setup() {
004             Serial.begin(115200);
005
006             Wire.begin();
007             Wire.setClock(400000);
008
009             Wire.beginTransmission(0x68);
010             Wire.write(0x6b);
011             Wire.write(0x0);
012             Wire.endTransmission(true);
013     }
014
015     int throttle = 0;
016     void loop() {
017             Wire.beginTransmission(0x68);
018             Wire.write(0x3B);
019             Wire.endTransmission(false);
020             Wire.requestFrom((uint16_t)0x68,(uint8_t)14,true);
021
022             int16_t AcXH = Wire.read();
023             int16_t AcXL = Wire.read();
024             int16_t AcYH = Wire.read();
025             int16_t AcYL = Wire.read();
026             int16_t AcZH = Wire.read();
027             int16_t AcZL = Wire.read();
028             int16_t TmpH = Wire.read();
029             int16_t TmpL = Wire.read();
030             int16_t GyXH = Wire.read();
031             int16_t GyXL = Wire.read();
032             int16_t GyYH = Wire.read();
033             int16_t GyYL = Wire.read();
034             int16_t GyZH = Wire.read();
035             int16_t GyZL = Wire.read();
036
```

```
037            int16_t AcX = AcXH <<8 |AcXL;
038            int16_t AcY = AcYH <<8 |AcYL;
039            int16_t AcZ = AcZH <<8 |AcZL;
040            int16_t GyX = GyXH <<8 |GyXL;
041            int16_t GyY = GyYH <<8 |GyYL;
042            int16_t GyZ = GyZH <<8 |GyZL;
043
044            static int32_t AcXSum =0, AcYSum =0, AcZSum =0;
045            static int32_t GyXSum =0, GyYSum =0, GyZSum =0;
046            static double AcXOff =0.0, AcYOff =0.0, AcZOff =0.0;
047            static double GyXOff =0.0, GyYOff =0.0, GyZOff =0.0;
048            static int cnt_sample =1000;
049            if(cnt_sample >0) {
050                    AcXSum += AcX; AcYSum += AcY; AcZSum += AcZ;
051                    GyXSum += GyX; GyYSum += GyY; GyZSum += GyZ;
052                    cnt_sample --;
053                    if(cnt_sample ==0) {
054                            AcXOff = AcXSum /1000.0;
055                            AcYOff = AcYSum /1000.0;
056                            AcZOff = AcZSum /1000.0;
057                            GyXOff = GyXSum /1000.0;
058                            GyYOff = GyYSum /1000.0;
059                            GyZOff = GyZSum /1000.0;
060                    }
061                    delay(1);
062                    return;
063            }
064
065            double AcXD = AcX - AcXOff;
066            double AcYD = AcY - AcYOff;
067            double AcZD = AcZ - AcZOff +16384;
068
069            double GyXD = GyX - GyXOff;
070            double GyYD = GyY - GyYOff;
071            double GyZD = GyZ - GyZOff;
072
073            static unsigned long t_prev =0;
074            unsigned long t_now = micros();
075            double dt = (t_now - t_prev)/1000000.0;
076            t_prev = t_now;
077
078            const float GYROXYZ_TO_DEGREES_PER_SEC =131;
079            double GyXR = GyXD /GYROXYZ_TO_DEGREES_PER_SEC;
080            double GyYR = GyYD /GYROXYZ_TO_DEGREES_PER_SEC;
```

```
081          double GyZR = GyZD /GYROXYZ_TO_DEGREES_PER_SEC;
082
083          static double gyAngleX =0.0, gyAngleY =0.0, gyAngleZ =0.0;
084          gyAngleX += GyXR *dt;
085          gyAngleY += GyYR *dt;
086          gyAngleZ += GyZR *dt;
087
088          const float RADIANS_TO_DEGREES =180 /3.14159;
089          double AcYZD = sqrt(pow(AcY,2) + pow(AcZ,2));
090          double AcXZD = sqrt(pow(AcX,2) + pow(AcZ,2));
091          double acAngleY = atan(-AcXD /AcYZD)*RADIANS_TO_DEGREES;
092          double acAngleX = atan(AcYD /AcXZD)*RADIANS_TO_DEGREES;
093          double acAngleZ =0;
094
095          const double ALPHA =0.96;
096          static double cmAngleX =0.0, cmAngleY =0.0, cmAngleZ =0.0;
097          cmAngleX=ALPHA*(cmAngleX+GyXR*dt)+(1.0-ALPHA)*acAngleX;
098          cmAngleY=ALPHA*(cmAngleY+GyYR*dt)+(1.0-ALPHA)*acAngleY;
099          cmAngleZ = gyAngleZ;
100
101          static double tAngleX = 0.0, tAngleY = 0.0, tAngleZ = 0.0;
102          double eAngleX = tAngleX - cmAngleX;
103          double eAngleY = tAngleY - cmAngleY;
104          double eAngleZ = tAngleZ - cmAngleZ;
105
106          double Kp = 1.0;
107          double BalX = Kp * eAngleX;
108          double BalY = Kp * eAngleY;
109          double BalZ = Kp * eAngleZ;
110
111          if(Serial.available()>0) {
112                  while(Serial.available()>0) {
113                          char userInput = Serial.read();
114                          if(userInput >= '0' && userInput <='9') {
115                                  throttle = (userInput - '0')*100;
116                          }
117                  }
118          }
119
120          double speedA = throttle + BalX - BalY + BalZ;
121          double speedB = throttle - BalX - BalY - BalZ;
122          double speedC = throttle - BalX + BalY + BalZ;
123          double speedD = throttle + BalX + BalY - BalZ;
124
125          static int cnt_loop;
126          cnt_loop ++;
```

```
127             if(cnt_loop%200 !=0) return;
128
129             Serial.printf(" dt = %8.6f", dt);
130             Serial.printf(" | A = %6.1f", speedA);
131             Serial.printf(" | B = %6.1f", speedB);
132             Serial.printf(" | C = %6.1f", speedC);
133             Serial.printf(" | D = %6.1f", speedD);
134             Serial.println();
135
136     }
```

15 : throttle 값을 0으로 설정합니다.

111 : Serial에 도착한 데이터가 있으면

112 : Serial에 도착한 데이터가 있는 동안에.

113 : Serial.read 함수를 이용하여 1 바이트를 읽어 냅니다.

114 : 사용자 입력 값이 '0'(0 문자)보다 크거나 같고 '9'(9 문자) 값보다 작으면

115 : 사용자 입력 값에서 '0' 문자 값을 빼서 숫자 값을 만든 후, 25을 곱해서 throttle 변수 값에 할당합니다. throttle 변수
는 각 모터에 적용되는 속도 값을 저장하는 변수입니다.

※ '0'~'9' 문자에 대응되는 아스키 숫자 값은 48~57입니다. 그래서 사용자가 '3'문자를 입력할 경우 '3'-'0'=51-48=30이 됩니다.
이 3의 값에 100를 곱하면 300이 되며 이 값을 ledcWrite 함수의 두 번째 인자로 넣게 됩니다. 이 예제에서는 모터의 최대 속도로
1000까지 줄 수 있습니다.

2 드론을 다음과 같이 평평한 지면에 놓습니다.

스케치 업로드 시 센서가 초기화되므로 센서를 수평 상태로 초기화하기 위해 평평한 면에 놓는 것입
니다.

3 컴파일과 업로드를 수행한 후 [시리얼 모니터] 버튼을 클릭합니다.

4 시리얼 모니터 창이 뜨면, 우측 하단에서 통신 속도를 115200으로 맞춰줍니다.

| 새 줄 ∨ | 115200 보드레이트 ∨ | 출력 지우기 |

5 드론을 평평한 지면에 놓은 상태로 시리얼 모니터를 확인해 봅니다.

6 시리얼 모니터 창의 빨간 박스 입력 창에 1, 2, 3, 4를 입력해 봅니다. 9까지 입력할 수 있습니다.
다음은 수평 상태에서 3을 입력했을 때의 화면입니다. A, B, C, D 모터의 속도가 300에 가깝습니다.

```
dt = 0.000540 | A =    300.0 | B =    299.9 | C =    300.0 | D =    300.1
dt = 0.000548 | A =    299.9 | B =    300.0 | C =    300.0 | D =    300.1
dt = 0.000541 | A =    300.0 | B =    300.1 | C =    300.0 | D =    300.0
dt = 0.000541 | A =    299.9 | B =    300.0 | C =    300.0 | D =    300.1
dt = 0.000541 | A =    300.0 | B =    300.1 | C =    299.9 | D =    300.0
```

09 _ 모터 속도 적용하기

여기서는 이전 단원에서 계산한 모터 속도를 이용하여 모터를 회전시켜 보도록 하겠습니다.

1 다음과 같이 예제를 작성합니다. 480.ino 예제를 복사하여 수정합니다.

```
490.ino
001     #include <Wire.h>
002
003     const int MOTOR_A =23;
004     const int MOTOR_B =19;
005     const int MOTOR_C =18;
006     const int MOTOR_D =26;
007     const int CHANNEL_A =0;
008     const int CHANNEL_B =1;
009     const int CHANNEL_C =2;
010     const int CHANNEL_D =3;
011     const int MOTOR_FREQ =5000;
012     const int MOTOR_RESOLUTION =10;
013
014     void setup() {
015             Serial.begin(115200);
016
017             Wire.begin();
018             Wire.setClock(400000);
019
020             Wire.beginTransmission(0x68);
021             Wire.write(0x6b);
022             Wire.write(0x0);
023             Wire.endTransmission(true);
024
025             ledcAttachPin(MOTOR_A, CHANNEL_A);
026             ledcAttachPin(MOTOR_B, CHANNEL_B);
027             ledcAttachPin(MOTOR_C, CHANNEL_C);
028             ledcAttachPin(MOTOR_D, CHANNEL_D);
029
030             ledcSetup(CHANNEL_A, MOTOR_FREQ, MOTOR_RESOLUTION);
031             ledcSetup(CHANNEL_B, MOTOR_FREQ, MOTOR_RESOLUTION);
032             ledcSetup(CHANNEL_C, MOTOR_FREQ, MOTOR_RESOLUTION);
033             ledcSetup(CHANNEL_D, MOTOR_FREQ, MOTOR_RESOLUTION);
034
035             ledcWrite(CHANNEL_A, 0);
036             ledcWrite(CHANNEL_B, 0);
037             ledcWrite(CHANNEL_C, 0);
038             ledcWrite(CHANNEL_D, 0);
039     }
040
041     int throttle = 0;
```

```
042    void loop() {
043            Wire.beginTransmission(0x68);
044            Wire.write(0x3B);
045            Wire.endTransmission(false);
046            Wire.requestFrom((uint16_t)0x68,(uint8_t)14,true);
047
048            int16_t AcXH = Wire.read();
049            int16_t AcXL = Wire.read();
050            int16_t AcYH = Wire.read();
051            int16_t AcYL = Wire.read();
052            int16_t AcZH = Wire.read();
053            int16_t AcZL = Wire.read();
054            int16_t TmpH = Wire.read();
055            int16_t TmpL = Wire.read();
056            int16_t GyXH = Wire.read();
057            int16_t GyXL = Wire.read();
058            int16_t GyYH = Wire.read();
059            int16_t GyYL = Wire.read();
060            int16_t GyZH = Wire.read();
061            int16_t GyZL = Wire.read();
062
063            int16_t AcX = AcXH <<8 |AcXL;
064            int16_t AcY = AcYH <<8 |AcYL;
065            int16_t AcZ = AcZH <<8 |AcZL;
066            int16_t GyX = GyXH <<8 |GyXL;
067            int16_t GyY = GyYH <<8 |GyYL;
068            int16_t GyZ = GyZH <<8 |GyZL;
069
070            static int32_t AcXSum =0, AcYSum =0, AcZSum =0;
071            static int32_t GyXSum =0, GyYSum =0, GyZSum =0;
072            static double AcXOff =0.0, AcYOff =0.0, AcZOff =0.0;
073            static double GyXOff =0.0, GyYOff =0.0, GyZOff =0.0;
074            static int cnt_sample =1000;
075        if(cnt_sample >0) {
076                AcXSum += AcX; AcYSum += AcY; AcZSum += AcZ;
077                GyXSum += GyX; GyYSum += GyY; GyZSum += GyZ;
078                cnt_sample --;
079                if(cnt_sample ==0) {
080                        AcXOff = AcXSum /1000.0;
081                        AcYOff = AcYSum /1000.0;
082                        AcZOff = AcZSum /1000.0;
083                        GyXOff = GyXSum /1000.0;
084                        GyYOff = GyYSum /1000.0;
085                        GyZOff = GyZSum /1000.0;
086                }
087                delay(1);
088                return;
089        }
090
```

```
091              double AcXD = AcX - AcXOff;
092              double AcYD = AcY - AcYOff;
093              double AcZD = AcZ - AcZOff +16384;
094
095              double GyXD = GyX - GyXOff;
096              double GyYD = GyY - GyYOff;
097              double GyZD = GyZ - GyZOff;
098
099              static unsigned long t_prev =0;
100              unsigned long t_now = micros();
101              double dt = (t_now - t_prev)/1000000.0;
102              t_prev = t_now;
103
104              const float GYROXYZ_TO_DEGREES_PER_SEC =131;
105              double GyXR = GyXD /GYROXYZ_TO_DEGREES_PER_SEC;
106              double GyYR = GyYD /GYROXYZ_TO_DEGREES_PER_SEC;
107              double GyZR = GyZD /GYROXYZ_TO_DEGREES_PER_SEC;
108
109              static double gyAngleX =0.0, gyAngleY =0.0, gyAngleZ =0.0;
110              gyAngleX += GyXR *dt;
111              gyAngleY += GyYR *dt;
112              gyAngleZ += GyZR *dt;
113
114              const float RADIANS_TO_DEGREES =180 /3.14159;
115              double AcYZD = sqrt(pow(AcY,2) + pow(AcZ,2));
116              double AcXZD = sqrt(pow(AcX,2) + pow(AcZ,2));
117              double acAngleY = atan(-AcXD /AcYZD)*RADIANS_TO_DEGREES;
118              double acAngleX = atan(AcYD /AcXZD)*RADIANS_TO_DEGREES;
119              double acAngleZ =0;
120
121              const double ALPHA =0.96;
122              static double cmAngleX =0.0, cmAngleY =0.0, cmAngleZ =0.0;
123              cmAngleX=ALPHA*(cmAngleX+GyXR*dt)+(1.0-ALPHA)*acAngleX;
124              cmAngleY=ALPHA*(cmAngleY+GyYR*dt)+(1.0-ALPHA)*acAngleY;
125              cmAngleZ = gyAngleZ;
126
127              static double tAngleX = 0.0, tAngleY = 0.0, tAngleZ = 0.0;
128              double eAngleX = tAngleX - cmAngleX;
129              double eAngleY = tAngleY - cmAngleY;
130              double eAngleZ = tAngleZ - cmAngleZ;
131
132              double Kp = 1.0;
133              double BalX = Kp * eAngleX;
134              double BalY = Kp * eAngleY;
135              double BalZ = Kp * eAngleZ;
136
137              if(Serial.available()>0) {
138                      while(Serial.available()>0) {
139                              char userInput = Serial.read();
```

```
140                              if(userInput >= '0' && userInput <= '9') {
141                                      throttle = (userInput - '0')*100;
142                              }
143                      }
144              }
145
146          double speedA = throttle + BalX - BalY + BalZ;
147          double speedB = throttle - BalX - BalY - BalZ;
148          double speedC = throttle - BalX + BalY + BalZ;
149          double speedD = throttle + BalX + BalY - BalZ;
150
151          int iSpeedA = constrain((int)speedA, 0, 1000);
152          int iSpeedB = constrain((int)speedB, 0, 1000);
153          int iSpeedC = constrain((int)speedC, 0, 1000);
154          int iSpeedD = constrain((int)speedD, 0, 1000);
155
156          ledcWrite(CHANNEL_A, iSpeedA);
157          ledcWrite(CHANNEL_B, iSpeedB);
158          ledcWrite(CHANNEL_C, iSpeedC);
159          ledcWrite(CHANNEL_D, iSpeedD);
160
161      }
```

3~12 : 모터 핀 번호, PWM 채널, PWM 주파수, PWM 듀티사이클 해상도 상수를 선언합니다.

25~38 : 모터 핀 번호와 채널을 연결하고, 주파수와 듀티사이클 해상도를 설정하고, 모터의 속도를 0으로 설정합니다.

151~154 : 모터 A, B, C, D에 대한 속도를 0과 1000 사이로 보정합니다.

156~159 : ledcWrite 함수를 호출하여 4개의 모터에 속도 값을 적용합니다. 실제 모터에 줄 수 있는 값은 0~1000입니다.

2 드론을 다음과 같이 평평한 지면에 놓습니다.

스케치 업로드 시 센서가 초기화되므로 센서를 수평 상태로 초기화하기 위해 평평한 면에 놓는 것입니다.

3 컴파일과 업로드를 수행한 후 [시리얼 모니터] 버튼을 클릭합니다.

4 시리얼 모니터 창이 뜨면, 우측 하단에서 통신 속도를 115200으로 맞춰줍니다.

새 줄 ∨	115200 보드레이트 ∨	출력 지우기

5 USB에 연결된 상태로 배터리 전원을 켭니다. 드론 모터는 배터리 전원으로 동작하도록 회로 구성이 되어 있습니다.

6 시리얼 모니터 창의 입력 창에 1, 2, 3, 4를 입력해 봅니다. 9까지 입력할 수 있습니다.

7 드론의 프로펠러가 회전하는 것을 확인합니다.

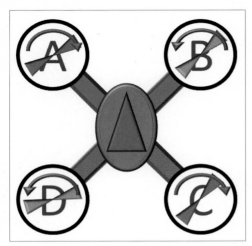

🔟 드론을 좌우로 기울여 봅니다. 기운 쪽의 모터가 반대 쪽의 모터보다 더 빨리 회전하는 것을 확인합니다.

🔟 테스트가 끝났으면 모터 전원을 끕니다.

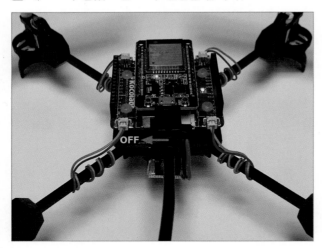

※ 이 예제의 경우 0 값을 입력해도 드론의 모터가 멈추지 않는 현상이 있습니다. 이것은 드론이 움직이지 않아도 미세하게 발생하는 회전 각도가 누적되어 드론이 비정상적으로 동작하게 되는 것입니다. 이 부분은 다음 예제에서 보정하도록 합니다.

10 _ 드론 균형 잡기 테스트

여기서는 다음 스마트폰 앱(Serial Bluetooth Terminal)을 이용하여 모터의 속도를 조절해 봅니다.
또 모터의 속도를 높여 드론이 좌우로 안정적으로 뜰 수 있는지도 확인해 봅니다.

 Serial Bluetooth Terminal
Kai Morich
인앱 구매

1 다음과 같이 예제를 수정합니다. 490.ino 예제를 복사하여 수정합니다.

```
4100.ino
001    #include <Wire.h>
002    #include "BluetoothSerial.h"
003
004    BluetoothSerial SerialBT;
005
006    const int MOTOR_A =23;
007    const int MOTOR_B =19;
008    const int MOTOR_C =18;
009    const int MOTOR_D =26;
010    const int CHANNEL_A =0;
011    const int CHANNEL_B =1;
012    const int CHANNEL_C =2;
013    const int CHANNEL_D =3;
014    const int MOTOR_FREQ =5000;
015    const int MOTOR_RESOLUTION =10;
016
017    void setup() {
018            SerialBT.begin("Kocolabs Drone");
019
020            Wire.begin();
021            Wire.setClock(400000);
022
023            Wire.beginTransmission(0x68);
024            Wire.write(0x6b);
025            Wire.write(0x0);
026            Wire.endTransmission(true);
027
028            ledcAttachPin(MOTOR_A, CHANNEL_A);
029            ledcAttachPin(MOTOR_B, CHANNEL_B);
030            ledcAttachPin(MOTOR_C, CHANNEL_C);
031            ledcAttachPin(MOTOR_D, CHANNEL_D);
032
033            ledcSetup(CHANNEL_A, MOTOR_FREQ, MOTOR_RESOLUTION);
```

```
034            ledcSetup(CHANNEL_B, MOTOR_FREQ, MOTOR_RESOLUTION);
035            ledcSetup(CHANNEL_C, MOTOR_FREQ, MOTOR_RESOLUTION);
036            ledcSetup(CHANNEL_D, MOTOR_FREQ, MOTOR_RESOLUTION);
037
038            ledcWrite(CHANNEL_A, 0);
039            ledcWrite(CHANNEL_B, 0);
040            ledcWrite(CHANNEL_C, 0);
041            ledcWrite(CHANNEL_D, 0);
042    }
043
044    int throttle = 0;
045    void loop() {
046            Wire.beginTransmission(0x68);
047            Wire.write(0x3B);
048            Wire.endTransmission(false);
049            Wire.requestFrom((uint16_t)0x68,(uint8_t)14,true);
050
051            int16_t AcXH = Wire.read();
052            int16_t AcXL = Wire.read();
053            int16_t AcYH = Wire.read();
054            int16_t AcYL = Wire.read();
055            int16_t AcZH = Wire.read();
056            int16_t AcZL = Wire.read();
057            int16_t TmpH = Wire.read();
058            int16_t TmpL = Wire.read();
059            int16_t GyXH = Wire.read();
060            int16_t GyXL = Wire.read();
061            int16_t GyYH = Wire.read();
062            int16_t GyYL = Wire.read();
063            int16_t GyZH = Wire.read();
064            int16_t GyZL = Wire.read();
065
066            int16_t AcX = AcXH <<8 |AcXL;
067            int16_t AcY = AcYH <<8 |AcYL;
068            int16_t AcZ = AcZH <<8 |AcZL;
069            int16_t GyX = GyXH <<8 |GyXL;
070            int16_t GyY = GyYH <<8 |GyYL;
071            int16_t GyZ = GyZH <<8 |GyZL;
072
073            static int32_t AcXSum =0, AcYSum =0, AcZSum =0;
074            static int32_t GyXSum =0, GyYSum =0, GyZSum =0;
075            static double AcXOff =0.0, AcYOff =0.0, AcZOff =0.0;
076            static double GyXOff =0.0, GyYOff =0.0, GyZOff =0.0;
077            static int cnt_sample =1000;
078            if(cnt_sample >0) {
079                    AcXSum += AcX; AcYSum += AcY; AcZSum += AcZ;
080                    GyXSum += GyX; GyYSum += GyY; GyZSum += GyZ;
081                    cnt_sample --;
```

```
082                    if(cnt_sample ==0) {
083                            AcXOff = AcXSum /1000.0;
084                            AcYOff = AcYSum /1000.0;
085                            AcZOff = AcZSum /1000.0;
086                            GyXOff = GyXSum /1000.0;
087                            GyYOff = GyYSum /1000.0;
088                            GyZOff = GyZSum /1000.0;
089                    }
090                    delay(1);
091                    return;
092            }
093
094            double AcXD = AcX - AcXOff;
095            double AcYD = AcY - AcYOff;
096            double AcZD = AcZ - AcZOff +16384;
097
098            double GyXD = GyX - GyXOff;
099            double GyYD = GyY - GyYOff;
100            double GyZD = GyZ - GyZOff;
101
102            static unsigned long t_prev =0;
103            unsigned long t_now = micros();
104            double dt = (t_now - t_prev)/1000000.0;
105            t_prev = t_now;
106
107            const float GYROXYZ_TO_DEGREES_PER_SEC =131;
108            double GyXR = GyXD /GYROXYZ_TO_DEGREES_PER_SEC;
109            double GyYR = GyYD /GYROXYZ_TO_DEGREES_PER_SEC;
110            double GyZR = GyZD /GYROXYZ_TO_DEGREES_PER_SEC;
111
112            static double gyAngleX =0.0, gyAngleY =0.0, gyAngleZ =0.0;
113            gyAngleX += GyXR *dt;
114            gyAngleY += GyYR *dt;
115            gyAngleZ += GyZR *dt;
116
117            const float RADIANS_TO_DEGREES =180 /3.14159;
118            double AcYZD = sqrt(pow(AcY,2) + pow(AcZ,2));
119            double AcXZD = sqrt(pow(AcX,2) + pow(AcZ,2));
120            double acAngleY = atan(-AcXD /AcYZD)*RADIANS_TO_DEGREES;
121            double acAngleX = atan(AcYD /AcXZD)*RADIANS_TO_DEGREES;
122            double acAngleZ =0;
123
124            const double ALPHA =0.96;
125            static double cmAngleX =0.0, cmAngleY =0.0, cmAngleZ =0.0;
126            cmAngleX=ALPHA*(cmAngleX+GyXR*dt)+(1.0-ALPHA)*acAngleX;
127            cmAngleY=ALPHA*(cmAngleY+GyYR*dt)+(1.0-ALPHA)*acAngleY;
128            cmAngleZ = gyAngleZ;
129            if(throttle == 0) cmAngleX = cmAngleY = cmAngleZ = 0.0;
```

```
130
131            static double tAngleX = 0.0, tAngleY = 0.0, tAngleZ = 0.0;
132            double eAngleX = tAngleX - cmAngleX;
133            double eAngleY = tAngleY - cmAngleY;
134            double eAngleZ = tAngleZ - cmAngleZ;
135
136            double Kp = 1.0;
137            double BalX = Kp * eAngleX;
138            double BalY = Kp * eAngleY;
139            double BalZ = Kp * eAngleZ;
140
141            if(SerialBT.available()>0) {
142                    while(SerialBT.available()>0) {
143                            char userInput = SerialBT.read();
144                            if(userInput >= '0' && userInput <= '9') {
145                                    throttle = (userInput - '0')*100;
146                            }
147                    }
148            }
149
150            double speedA = throttle + BalX - BalY + BalZ;
151            double speedB = throttle - BalX - BalY - BalZ;
152            double speedC = throttle - BalX + BalY + BalZ;
153            double speedD = throttle + BalX + BalY - BalZ;
154
155            int iSpeedA = constrain((int)speedA, 0, 1000);
156            int iSpeedB = constrain((int)speedB, 0, 1000);
157            int iSpeedC = constrain((int)speedC, 0, 1000);
158            int iSpeedD = constrain((int)speedD, 0, 1000);
159
160            ledcWrite(CHANNEL_A, iSpeedA);
161            ledcWrite(CHANNEL_B, iSpeedB);
162            ledcWrite(CHANNEL_C, iSpeedC);
163            ledcWrite(CHANNEL_D, iSpeedD);
164
165    }
```

002 : BluetoothSerial.h 파일을 포함합니다.

018 : Serial.begin(115200)을 SerialBT.begin("Kocolabs Drone")으로 변경합니다. 독자 여러분은 적당한 이름으로 변경합니다.

141~143 : 이전 예제에서 Serial을 SerialBT로 바꿔줍니다.

129 : throttle 값이 0.0일 경우 각도 값을 0.0으로 맞추어줍니다. 그렇지 않을 경우 드론이 움직이지 않아도 미세하게 발생하는 회전 각도가 누적되어 드론이 비정상적으로 동작하게 됩니다.

2 [툴] 메뉴를 이용하여 보드, 포트를 다음과 같이 선택합니다.

3 컴파일과 업로드를 수행합니다.

4 드론을 USB에서 분리한 후 평평한 바닥에 내려놓습니다. 측면에 있는 레고 블록을 뺍니다.

※ 측면 레고블럭을 빼면 드론의 움직임이 좀 더 자유롭습니다.

5 전원을 켭니다.

6 이전에 설치한 [Serial Bluetooth Terminal] 앱을 실행시킨 후, 드론과 연결합니다.

7 드론의 속도를 조절해 가며 드론이 좌우로 흔들리면서 불안정하게 뜨는 것을 확인합니다.

11 _ 미분항 D 구현하기

우리는 앞에서 PID의 비례항만을 이용하여 드론을 띄어보았습니다. 비례항만 적용할 경우 드론은 좌우로 흔들리면서 날다가 뒤집어지게 됩니다. 여기서는 미분항을 적용하여 드론을 안정적으로 띄워 봅니다.

```
angle_error = target_angle - current_angle
PTerm = Kp * angle_error

DTerm = - Kd * gyRate

balancing_force = PTerm + DTerm
```

1 다음과 같이 예제를 수정합니다. 4100.ino 예제를 복사하여 수정합니다.

4110.ino

```
001     #include <Wire.h>
002     #include "BluetoothSerial.h"
003
004     BluetoothSerial SerialBT;
005
006     const int MOTOR_A =23;
007     const int MOTOR_B =19;
008     const int MOTOR_C =18;
009     const int MOTOR_D =26;
010     const int CHANNEL_A =0;
011     const int CHANNEL_B =1;
012     const int CHANNEL_C =2;
013     const int CHANNEL_D =3;
014     const int MOTOR_FREQ =5000;
015     const int MOTOR_RESOLUTION =10;
016
017     void setup() {
018             SerialBT.begin("Kocolabs Drone");
019
020             Wire.begin();
021             Wire.setClock(400000);
022
023             Wire.beginTransmission(0x68);
024             Wire.write(0x6b);
025             Wire.write(0x0);
026             Wire.endTransmission(true);
027
```

```
028            ledcAttachPin(MOTOR_A, CHANNEL_A);
029            ledcAttachPin(MOTOR_B, CHANNEL_B);
030            ledcAttachPin(MOTOR_C, CHANNEL_C);
031            ledcAttachPin(MOTOR_D, CHANNEL_D);
032
033            ledcSetup(CHANNEL_A, MOTOR_FREQ, MOTOR_RESOLUTION);
034            ledcSetup(CHANNEL_B, MOTOR_FREQ, MOTOR_RESOLUTION);
035            ledcSetup(CHANNEL_C, MOTOR_FREQ, MOTOR_RESOLUTION);
036            ledcSetup(CHANNEL_D, MOTOR_FREQ, MOTOR_RESOLUTION);
037
038            ledcWrite(CHANNEL_A, 0);
039            ledcWrite(CHANNEL_B, 0);
040            ledcWrite(CHANNEL_C, 0);
041            ledcWrite(CHANNEL_D, 0);
042    }
043
044    int throttle = 0;
045    void loop() {
046            Wire.beginTransmission(0x68);
047            Wire.write(0x3B);
048            Wire.endTransmission(false);
049            Wire.requestFrom((uint16_t)0x68,(uint8_t)14,true);
050
051            int16_t AcXH = Wire.read();
052            int16_t AcXL = Wire.read();
053            int16_t AcYH = Wire.read();
054            int16_t AcYL = Wire.read();
055            int16_t AcZH = Wire.read();
056            int16_t AcZL = Wire.read();
057            int16_t TmpH = Wire.read();
058            int16_t TmpL = Wire.read();
059            int16_t GyXH = Wire.read();
060            int16_t GyXL = Wire.read();
061            int16_t GyYH = Wire.read();
062            int16_t GyYL = Wire.read();
063            int16_t GyZH = Wire.read();
064            int16_t GyZL = Wire.read();
065
066            int16_t AcX = AcXH <<8 |AcXL;
067            int16_t AcY = AcYH <<8 |AcYL;
068            int16_t AcZ = AcZH <<8 |AcZL;
069            int16_t GyX = GyXH <<8 |GyXL;
070            int16_t GyY = GyYH <<8 |GyYL;
071            int16_t GyZ = GyZH <<8 |GyZL;
072
073            static int32_t AcXSum =0, AcYSum =0, AcZSum =0;
```

```
074        static int32_t GyXSum =0, GyYSum =0, GyZSum =0;
075        static double AcXOff =0.0, AcYOff =0.0, AcZOff =0.0;
076        static double GyXOff =0.0, GyYOff =0.0, GyZOff =0.0;
077        static int cnt_sample =1000;
078        if(cnt_sample >0) {
079                AcXSum += AcX; AcYSum += AcY; AcZSum += AcZ;
080                GyXSum += GyX; GyYSum += GyY; GyZSum += GyZ;
081                cnt_sample --;
082                if(cnt_sample ==0) {
083                        AcXOff = AcXSum /1000.0;
084                        AcYOff = AcYSum /1000.0;
085                        AcZOff = AcZSum /1000.0;
086                        GyXOff = GyXSum /1000.0;
087                        GyYOff = GyYSum /1000.0;
088                        GyZOff = GyZSum /1000.0;
089                }
090                delay(1);
091                return;
092        }
093
094        double AcXD = AcX - AcXOff;
095        double AcYD = AcY - AcYOff;
096        double AcZD = AcZ - AcZOff +16384;
097
098        double GyXD = GyX - GyXOff;
099        double GyYD = GyY - GyYOff;
100        double GyZD = GyZ - GyZOff;
101
102        static unsigned long t_prev =0;
103        unsigned long t_now = micros();
104        double dt = (t_now - t_prev)/1000000.0;
105        t_prev = t_now;
106
107        const float GYROXYZ_TO_DEGREES_PER_SEC =131;
108        double GyXR = GyXD /GYROXYZ_TO_DEGREES_PER_SEC;
109        double GyYR = GyYD /GYROXYZ_TO_DEGREES_PER_SEC;
110        double GyZR = GyZD /GYROXYZ_TO_DEGREES_PER_SEC;
111
112        static double gyAngleX =0.0, gyAngleY =0.0, gyAngleZ =0.0;
113        gyAngleX += GyXR *dt;
114        gyAngleY += GyYR *dt;
115        gyAngleZ += GyZR *dt;
116
117        const float RADIANS_TO_DEGREES =180 /3.14159;
118        double AcYZD = sqrt(pow(AcY,2) + pow(AcZ,2));
119        double AcXZD = sqrt(pow(AcX,2) + pow(AcZ,2));
```

```
120         double acAngleY = atan(-AcXD /AcYZD)*RADIANS_TO_DEGREES;
121         double acAngleX = atan(AcYD /AcXZD)*RADIANS_TO_DEGREES;
122         double acAngleZ =0;
123
124         const double ALPHA =0.96;
125         static double cmAngleX =0.0, cmAngleY =0.0, cmAngleZ =0.0;
126         cmAngleX=ALPHA*(cmAngleX+GyXR*dt)+(1.0-ALPHA)*acAngleX;
127         cmAngleY=ALPHA*(cmAngleY+GyYR*dt)+(1.0-ALPHA)*acAngleY;
128         cmAngleZ = gyAngleZ;
129         if(throttle == 0) cmAngleX = cmAngleY = cmAngleZ = 0.0;
130
131         static double tAngleX = 0.0, tAngleY = 0.0, tAngleZ = 0.0;
132         double eAngleX = tAngleX - cmAngleX;
133         double eAngleY = tAngleY - cmAngleY;
134         double eAngleZ = tAngleZ - cmAngleZ;
135
136         double Kp = 1.0;
137         double BalX = Kp * eAngleX;
138         double BalY = Kp * eAngleY;
139         double BalZ = Kp * eAngleZ;
140
141         double Kd = 1.0;
142         BalX += Kd *-GyXR;
143         BalY += Kd *-GyYR;
144         BalZ += Kd *-GyZR;
145         if(throttle == 0) BalX = BalY = BalZ = 0.0;
146
147         if(SerialBT.available()>0) {
148                 while(SerialBT.available()>0) {
149                         char userInput = SerialBT.read();
150                         if(userInput >='0' && userInput <='9') {
151                                 throttle = (userInput - '0')*100;
152                         }
153                 }
154         }
155
156         double speedA = throttle + BalX - BalY + BalZ;
157         double speedB = throttle - BalX - BalY - BalZ;
158         double speedC = throttle - BalX + BalY + BalZ;
159         double speedD = throttle + BalX + BalY - BalZ;
160
161         int iSpeedA = constrain((int)speedA, 0, 1000);
162         int iSpeedB = constrain((int)speedB, 0, 1000);
163         int iSpeedC = constrain((int)speedC, 0, 1000);
164         int iSpeedD = constrain((int)speedD, 0, 1000);
165
```

```
166          ledcWrite(CHANNEL_A, iSpeedA);
167          ledcWrite(CHANNEL_B, iSpeedB);
168          ledcWrite(CHANNEL_C, iSpeedC);
169          ledcWrite(CHANNEL_D, iSpeedD);
170
171     }
```

141 : 증폭 또는 감소 값을 저장할 Kd 변수를 선언한 후, 1.0으로 초기화합니다.

142 : roll의 회전 각속도 값을 상쇄할 수 있는 힘 값에 증폭 값 Kd를 곱해 좌우 균형 힘 값에 더해 줍니다. 드론이 회전 각속도를 너무 완곡하게 상쇄하는 경우엔 힘이 더 필요한 경우로 증폭 값을 1보다 크게 해 줍니다. 드론이 회전 각속도를 너무 민감하게 상쇄하는 경우엔 힘이 너무 센 경우로 증폭 값을 1보다 작게 해 줍니다.

143 : pitch의 회전 각속도 값을 상쇄할 수 있는 힘 값에 증폭 값 Kd를 곱해 전후 균형 힘 값에 더해 줍니다. 드론이 회전 각속도를 너무 완곡하게 상쇄하는 경우엔 힘이 더 필요한 경우로 증폭 값을 1보다 크게 해 줍니다. 드론이 회전 각속도를 너무 민감하게 상쇄하는 경우엔 힘이 너무 센 경우로 증폭 값을 1보다 작게 해 줍니다.

144 : yaw의 회전 각속도 값을 상쇄할 수 있는 힘 값에 증폭 값 Kd를 곱해 수평 회전 균형 힘 값에 더해 줍니다. 드론이 회전 각속도를 너무 완곡하게 상쇄하는 경우엔 힘이 더 필요한 경우로 증폭 값을 1보다 크게 해 줍니다. 드론이 회전 각속도를 너무 민감하게 상쇄하는 경우엔 힘이 너무 센 경우로 증폭 값을 1보다 작게 해 줍니다.

145 : throttle 값이 0일 경우, BalY 값을 0.0으로 설정해 줍니다. 그렇지 않으면, 드론에 회전이 발생할 경우, 회전 방향으로 모터가 회전하게 됩니다.

2 [툴] 메뉴를 이용하여 보드, 포트를 다음과 같이 선택합니다.

3 컴파일과 업로드를 수행합니다.

4 짐볼을 뺀 후, 드론을 USB에서 분리한 후 평평한 바닥에 내려놓습니다.

5 전원을 켭니다.

6 이전에 설치한 [Serial Bluetooth Terminal] 앱을 실행시킨 후, 드론과 연결합니다.

드론의 속도를 조절해 가며 드론이 좀 더 안정적으로 뜨는 것을 확인합니다.

※ 드론을 띄울 때는 평평한 지면에서 전원을 켠 후, 0.5초 간격으로 1,3,5,7 버튼을 눌러 짧은 순간에 허리 높이 정도까지 띄우는 느낌으로 띄우도록 합니다. 그렇지 않고 지면에 머무르는 시간이 길수록 지면효과에 의해 지면에서 흘러다니게 됩니다.
※ 미분항 D의 경우 외부에서 드론을 날릴 경우 급하게 변하는 바람에 저항하는 역할도 합니다.

ESP32 Arduino drone

CHAPTER 05

PID 제어로
드론 날리기

이번 Chapter에서는 첫째, 드론 조종 기능을 추가하고, 적분항 I를 구현해 봅니다. 둘째, 드론 조종앱을 사용하여 드론을 날려보고, 자율 비행을 구현해 봅니다. 마지막으로 이중 PID 제어기 알고리즘을 구한 후, 이중 PID 제어기를 구현해 봅니다.

01 _ 드론 조종 기능 추가하기

드론이 수평 상태에서 오른쪽으로 이동하려면 어떻게 해야 할까요? 또 수평 상태에서 앞쪽으로 이동하려면 어떻게 해야 할까요? 수평 상태에서 오른쪽으로 이동하려면 왼쪽의 A, D 날개의 모터를 강하게 회전시키고 오른쪽의 B, C 날개의 모터를 약하게 회전시켜야 합니다. 수평 상태에서 앞쪽으로 이동하려면 앞쪽의 A, B 날개의 모터를 약하게 회전시키고 뒤쪽의 C, D 날개의 모터를 강하게 회전시켜야 합니다.

여기서는 사용자로부터 전달된 roll, pitch, yaw 각도 값으로 목표 roll, pitch, yaw의 각도 값을 변경하여 드론의 방향을 변경하는 기능을 추가해 보도록 합니다.

1 다음과 같이 예제를 수정합니다. 4110.ino 예제를 복사하여 수정합니다.

```
510.ino

001    #include <Wire.h>
002    #include "BluetoothSerial.h"
003
004    BluetoothSerial SerialBT;
005
006    const int MOTOR_A =23;
007    const int MOTOR_B =19;
008    const int MOTOR_C =18;
009    const int MOTOR_D =26;
010    const int CHANNEL_A =0;
011    const int CHANNEL_B =1;
012    const int CHANNEL_C =2;
013    const int CHANNEL_D =3;
014    const int MOTOR_FREQ =5000;
015    const int MOTOR_RESOLUTION =10;
016
017    void setup() {
018            SerialBT.begin("Kocolabs Drone");
019
020            Wire.begin();
021            Wire.setClock(400000);
022
023            Wire.beginTransmission(0x68);
024            Wire.write(0x6b);
025            Wire.write(0x0);
026            Wire.endTransmission(true);
027
028            ledcAttachPin(MOTOR_A, CHANNEL_A);
029            ledcAttachPin(MOTOR_B, CHANNEL_B);
030            ledcAttachPin(MOTOR_C, CHANNEL_C);
```

```
031              ledcAttachPin(MOTOR_D, CHANNEL_D);
032
033              ledcSetup(CHANNEL_A, MOTOR_FREQ, MOTOR_RESOLUTION);
034              ledcSetup(CHANNEL_B, MOTOR_FREQ, MOTOR_RESOLUTION);
035              ledcSetup(CHANNEL_C, MOTOR_FREQ, MOTOR_RESOLUTION);
036              ledcSetup(CHANNEL_D, MOTOR_FREQ, MOTOR_RESOLUTION);
037
038              ledcWrite(CHANNEL_A, 0);
039              ledcWrite(CHANNEL_B, 0);
040              ledcWrite(CHANNEL_C, 0);
041              ledcWrite(CHANNEL_D, 0);
042      }
043
044      int throttle = 0;
045      void loop() {
046              Wire.beginTransmission(0x68);
047              Wire.write(0x3B);
048              Wire.endTransmission(false);
049              Wire.requestFrom((uint16_t)0x68,(uint8_t)14,true);
050
051              int16_t AcXH = Wire.read();
052              int16_t AcXL = Wire.read();
053              int16_t AcYH = Wire.read();
054              int16_t AcYL = Wire.read();
055              int16_t AcZH = Wire.read();
056              int16_t AcZL = Wire.read();
057              int16_t TmpH = Wire.read();
058              int16_t TmpL = Wire.read();
059              int16_t GyXH = Wire.read();
060              int16_t GyXL = Wire.read();
061              int16_t GyYH = Wire.read();
062              int16_t GyYL = Wire.read();
063              int16_t GyZH = Wire.read();
064              int16_t GyZL = Wire.read();
065
066              int16_t AcX = AcXH <<8 |AcXL;
067              int16_t AcY = AcYH <<8 |AcYL;
068              int16_t AcZ = AcZH <<8 |AcZL;
069              int16_t GyX = GyXH <<8 |GyXL;
070              int16_t GyY = GyYH <<8 |GyYL;
071              int16_t GyZ = GyZH <<8 |GyZL;
072
073              static int32_t AcXSum =0, AcYSum =0, AcZSum =0;
074              static int32_t GyXSum =0, GyYSum =0, GyZSum =0;
075              static double AcXOff =0.0, AcYOff =0.0, AcZOff =0.0;
076              static double GyXOff =0.0, GyYOff =0.0, GyZOff =0.0;
077              static int cnt_sample =1000;
078              if(cnt_sample >0) {
```

```
079                     AcXSum += AcX; AcYSum += AcY; AcZSum += AcZ;
080                     GyXSum += GyX; GyYSum += GyY; GyZSum += GyZ;
081                     cnt_sample --;
082                     if(cnt_sample ==0) {
083                             AcXOff = AcXSum /1000.0;
084                             AcYOff = AcYSum /1000.0;
085                             AcZOff = AcZSum /1000.0;
086                             GyXOff = GyXSum /1000.0;
087                             GyYOff = GyYSum /1000.0;
088                             GyZOff = GyZSum /1000.0;
089                     }
090                     delay(1);
091                     return;
092             }
093
094             double AcXD = AcX - AcXOff;
095             double AcYD = AcY - AcYOff;
096             double AcZD = AcZ - AcZOff +16384;
097
098             double GyXD = GyX - GyXOff;
099             double GyYD = GyY - GyYOff;
100             double GyZD = GyZ - GyZOff;
101
102             static unsigned long t_prev =0;
103             unsigned long t_now = micros();
104             double dt = (t_now - t_prev)/1000000.0;
105             t_prev = t_now;
106
107             const float GYROXYZ_TO_DEGREES_PER_SEC =131;
108             double GyXR = GyXD /GYROXYZ_TO_DEGREES_PER_SEC;
109             double GyYR = GyYD /GYROXYZ_TO_DEGREES_PER_SEC;
110             double GyZR = GyZD /GYROXYZ_TO_DEGREES_PER_SEC;
111
112             static double gyAngleX =0.0, gyAngleY =0.0, gyAngleZ =0.0;
113             gyAngleX += GyXR *dt;
114             gyAngleY += GyYR *dt;
115             gyAngleZ += GyZR *dt;
116
117             const float RADIANS_TO_DEGREES =180 /3.14159;
118             double AcYZD = sqrt(pow(AcY,2) + pow(AcZ,2));
119             double AcXZD = sqrt(pow(AcX,2) + pow(AcZ,2));
120             double acAngleY = atan(-AcXD /AcYZD)*RADIANS_TO_DEGREES;
121             double acAngleX = atan(AcYD /AcXZD)*RADIANS_TO_DEGREES;
122             double acAngleZ =0;
123
124             const double ALPHA =0.96;
125             static double cmAngleX =0.0, cmAngleY =0.0, cmAngleZ =0.0;
126             cmAngleX=ALPHA*(cmAngleX+GyXR*dt)+(1.0-ALPHA)*acAngleX;
```

```
127            cmAngleY=ALPHA*(cmAngleY+GyYR*dt)+(1.0-ALPHA)*acAngleY;
128            cmAngleZ = gyAngleZ;
129            if(throttle == 0) cmAngleX = cmAngleY = cmAngleZ = 0.0;
130
131            static double tAngleX = 0.0, tAngleY = 0.0, tAngleZ = 0.0;
132            double eAngleX = tAngleX - cmAngleX;
133            double eAngleY = tAngleY - cmAngleY;
134            double eAngleZ = tAngleZ - cmAngleZ;
135
136            double Kp = 1.0;
137            double BalX = Kp * eAngleX;
138            double BalY = Kp * eAngleY;
139            double BalZ = Kp * eAngleZ;
140
141            double Kd = 1.0;
142            BalX += Kd *-GyXR;
143            BalY += Kd *-GyYR;
144            BalZ += Kd *-GyZR;
145            if(throttle == 0) BalX = BalY = BalZ = 0.0;
146
147            if(SerialBT.available()>0) {
148                    while(SerialBT.available()>0) {
149                            char userInput = SerialBT.read();
150                            if(userInput >='0' && userInput <='9') {
151                                    throttle = (userInput -'0')*100;
152                            } else if(userInput =='a') { //go left
153                                    tAngleY =-10.0;
154                            } else if(userInput =='d') { //go right
155                                    tAngleY =+10.0;
156                            } else if(userInput =='s') { //balance
157                                    tAngleY =0.0;
158                            }
159                    }
160            }
161
162            double speedA = throttle + BalX - BalY + BalZ;
163            double speedB = throttle - BalX - BalY - BalZ;
164            double speedC = throttle - BalX + BalY + BalZ;
165            double speedD = throttle + BalX + BalY - BalZ;
166
167            int iSpeedA = constrain((int)speedA, 0, 1000);
168            int iSpeedB = constrain((int)speedB, 0, 1000);
169            int iSpeedC = constrain((int)speedC, 0, 1000);
170            int iSpeedD = constrain((int)speedD, 0, 1000);
171
172            ledcWrite(CHANNEL_A, iSpeedA);
173            ledcWrite(CHANNEL_B, iSpeedB);
```

```
174            ledcWrite(CHANNEL_C, iSpeedC);
175            ledcWrite(CHANNEL_D, iSpeedD);
176
177        }
```

152 : 사용자 입력 값이 'a' 문자이면

153 : tAngleY 값을 −10.0도로 설정합니다. 이렇게 하면 드론이 왼쪽으로 이동합니다.

154 : 사용자 입력 값이 'd' 문자이면

155 : tAngleY 값을 +10.0도로 설정합니다. 이렇게 하면 드론이 오른쪽으로 이동합니다.

156 : 사용자 입력 값이 's' 문자이면

157 : tAngleY 값을 0.0도로 설정합니다. 이렇게 하면 드론이 수평 상태가 됩니다.

2 [툴] 메뉴를 이용하여 보드, 포트를 다음과 같이 선택합니다.

3 컴파일과 업로드를 수행합니다.

4 짐볼을 뺀 후, 드론을 USB에서 분리한 후 평평한 바닥에 내려놓습니다.

5 전원을 켭니다.

6 이전에 설치한 [Serial Bluetooth Terminal] 앱을 실행시킨 후, 드론과 연결합니다.

7 모터의 속도를 조절해 가며 드론을 조종해 봅니다. 좌우로 이동해 봅니다.

연 습 문 제

[문제 1] _w 값을 누르면 전진, x 값을 누르면 후진이 되도록 사용자 입력 부분을 수정합니다.

[문제 2] q 값을 누르면 수평 좌회전, e 값을 누르면 수평 우회전이 되도록 사용자 입력 부분을 수정합니다.

※ 해답은 제공되지 않습니다.

02 _ 적분항 I 구현하기

비례항 P와 미분항 D를 이용해 드론의 균형을 잡을 경우, 드론은 안정적으로 뜨게 됩니다. 그런데 드론을 조종할 경우 목표 각도에 완전히 도달하지 못하는 현상이 발생하게 됩니다. 드론을 이동하기 위해서는 목표 각도를 기운 상태로 맞추어 주어야 하는데 현재 상태로는 목표 각도에 신속하게 도달하지 못합니다. 또, 드론을 이동 시키다 다시 균형 상태로 올 경우에도 목표 각도에 신속히 도달하지 못해 드론이 흘러가버리는 현상이 발생합니다. 여기서는 적분항 I를 드론에 적용해 목표 각도에 좀 더 빠르게 도달하도록 합니다.

```
angle_error = target_angle - current_angle
PTerm = Kp * angle_error
ITerm += Ki * angle_error * dt

DTerm = - Kd * gyRate

balancing_force = PTerm + ITerm + DTerm
```

1 다음과 같이 예제를 수정합니다. 510.ino 예제를 복사하여 수정합니다.

```
520.ino
001    #include <Wire.h>
002    #include "BluetoothSerial.h"
003
004    BluetoothSerial SerialBT;
005
006    const int MOTOR_A =23;
007    const int MOTOR_B =19;
008    const int MOTOR_C =18;
009    const int MOTOR_D =26;
010    const int CHANNEL_A =0;
011    const int CHANNEL_B =1;
012    const int CHANNEL_C =2;
013    const int CHANNEL_D =3;
014    const int MOTOR_FREQ =5000;
015    const int MOTOR_RESOLUTION =10;
016
017    void setup() {
018            SerialBT.begin("Kocolabs Drone");
019
020            Wire.begin();
021            Wire.setClock(400000);
022
023            Wire.beginTransmission(0x68);
024            Wire.write(0x6b);
025            Wire.write(0x0);
```

```
026            Wire.endTransmission(true);
027
028            ledcAttachPin(MOTOR_A, CHANNEL_A);
029            ledcAttachPin(MOTOR_B, CHANNEL_B);
030            ledcAttachPin(MOTOR_C, CHANNEL_C);
031            ledcAttachPin(MOTOR_D, CHANNEL_D);
032
033            ledcSetup(CHANNEL_A, MOTOR_FREQ, MOTOR_RESOLUTION);
034            ledcSetup(CHANNEL_B, MOTOR_FREQ, MOTOR_RESOLUTION);
035            ledcSetup(CHANNEL_C, MOTOR_FREQ, MOTOR_RESOLUTION);
036            ledcSetup(CHANNEL_D, MOTOR_FREQ, MOTOR_RESOLUTION);
037
038            ledcWrite(CHANNEL_A, 0);
039            ledcWrite(CHANNEL_B, 0);
040            ledcWrite(CHANNEL_C, 0);
041            ledcWrite(CHANNEL_D, 0);
042        }
043
044    int throttle = 0;
045    void loop() {
046            Wire.beginTransmission(0x68);
047            Wire.write(0x3B);
048            Wire.endTransmission(false);
049            Wire.requestFrom((uint16_t)0x68,(uint8_t)14,true);
050
051            int16_t AcXH = Wire.read();
052            int16_t AcXL = Wire.read();
053            int16_t AcYH = Wire.read();
054            int16_t AcYL = Wire.read();
055            int16_t AcZH = Wire.read();
056            int16_t AcZL = Wire.read();
057            int16_t TmpH = Wire.read();
058            int16_t TmpL = Wire.read();
059            int16_t GyXH = Wire.read();
060            int16_t GyXL = Wire.read();
061            int16_t GyYH = Wire.read();
062            int16_t GyYL = Wire.read();
063            int16_t GyZH = Wire.read();
064            int16_t GyZL = Wire.read();
065
066            int16_t AcX = AcXH <<8 |AcXL;
067            int16_t AcY = AcYH <<8 |AcYL;
068            int16_t AcZ = AcZH <<8 |AcZL;
069            int16_t GyX = GyXH <<8 |GyXL;
070            int16_t GyY = GyYH <<8 |GyYL;
071            int16_t GyZ = GyZH <<8 |GyZL;
072
073            static int32_t AcXSum =0, AcYSum =0, AcZSum =0;
```

```
074        static int32_t GyXSum =0, GyYSum =0, GyZSum =0;
075        static double AcXOff =0.0, AcYOff =0.0, AcZOff =0.0;
076        static double GyXOff =0.0, GyYOff =0.0, GyZOff =0.0;
077        static int cnt_sample =1000;
078        if(cnt_sample >0) {
079                AcXSum += AcX; AcYSum += AcY; AcZSum += AcZ;
080                GyXSum += GyX; GyYSum += GyY; GyZSum += GyZ;
081                cnt_sample --;
082                if(cnt_sample ==0) {
083                        AcXOff = AcXSum /1000.0;
084                        AcYOff = AcYSum /1000.0;
085                        AcZOff = AcZSum /1000.0;
086                        GyXOff = GyXSum /1000.0;
087                        GyYOff = GyYSum /1000.0;
088                        GyZOff = GyZSum /1000.0;
089                }
090                delay(1);
091                return;
092        }
093
094        double AcXD = AcX - AcXOff;
095        double AcYD = AcY - AcYOff;
096        double AcZD = AcZ - AcZOff +16384;
097
098        double GyXD = GyX - GyXOff;
099        double GyYD = GyY - GyYOff;
100        double GyZD = GyZ - GyZOff;
101
102        static unsigned long t_prev =0;
103        unsigned long t_now = micros();
104        double dt = (t_now - t_prev)/1000000.0;
105        t_prev = t_now;
106
107        const float GYROXYZ_TO_DEGREES_PER_SEC =131;
108        double GyXR = GyXD /GYROXYZ_TO_DEGREES_PER_SEC;
109        double GyYR = GyYD /GYROXYZ_TO_DEGREES_PER_SEC;
110        double GyZR = GyZD /GYROXYZ_TO_DEGREES_PER_SEC;
111
112        static double gyAngleX =0.0, gyAngleY =0.0, gyAngleZ =0.0;
113        gyAngleX += GyXR *dt;
114        gyAngleY += GyYR *dt;
115        gyAngleZ += GyZR *dt;
116
117        const float RADIANS_TO_DEGREES =180 /3.14159;
118        double AcYZD = sqrt(pow(AcY,2) + pow(AcZ,2));
119        double AcXZD = sqrt(pow(AcX,2) + pow(AcZ,2));
120        double acAngleY = atan(-AcXD /AcYZD)*RADIANS_TO_DEGREES;
121        double acAngleX = atan(AcYD /AcXZD)*RADIANS_TO_DEGREES;
```

```
122          double acAngleZ =0;
123
124          const double ALPHA =0.96;
125          static double cmAngleX =0.0, cmAngleY =0.0, cmAngleZ =0.0;
126          cmAngleX=ALPHA*(cmAngleX+GyXR*dt)+(1.0-ALPHA)*acAngleX;
127          cmAngleY=ALPHA*(cmAngleY+GyYR*dt)+(1.0-ALPHA)*acAngleY;
128          cmAngleZ = gyAngleZ;
129          if(throttle == 0) cmAngleX = cmAngleY = cmAngleZ = 0.0;
130
131          static double tAngleX = 0.0, tAngleY = 0.0, tAngleZ = 0.0;
132          double eAngleX = tAngleX - cmAngleX;
133          double eAngleY = tAngleY - cmAngleY;
134          double eAngleZ = tAngleZ - cmAngleZ;
135
136          double Kp = 1.0;
137          double BalX = Kp * eAngleX;
138          double BalY = Kp * eAngleY;
139          double BalZ = Kp * eAngleZ;
140
141          double Kd = 1.0;
142          BalX += Kd *-GyXR;
143          BalY += Kd *-GyYR;
144          BalZ += Kd *-GyZR;
145          if(throttle == 0) BalX = BalY = BalZ = 0.0;
146
147          double Ki = 1.0;
148          double ResX = 0.0, ResY =0.0, ResZ =0.0;
149          ResX += Ki * eAngleX * dt;
150          ResY += Ki * eAngleY * dt;
151          ResZ += Ki * eAngleZ * dt;
152          if(throttle == 0) ResX = ResY = ResZ = 0.0;
153          BalX += ResX;
154          BalY += ResY;
155          BalZ += ResZ;
156
157          if(SerialBT.available()>0) {
158                  while(SerialBT.available()>0) {
159                          char userInput = SerialBT.read();
160                          if(userInput >='0' && userInput <='9') {
161                                  throttle = (userInput -'0')*100;
162                          } else if(userInput =='a') { //go left
163                                  tAngleY =-10.0;
164                          } else if(userInput =='d') { //go right
165                                  tAngleY =+10.0;
166                          } else if(userInput =='s') { //balance
167                                  tAngleY =0.0;
168                          }
169                  }
```

```
170                }
171
172            double speedA = throttle + BalX - BalY + BalZ;
173            double speedB = throttle - BalX - BalY - BalZ;
174            double speedC = throttle - BalX + BalY + BalZ;
175            double speedD = throttle + BalX + BalY - BalZ;
176
177            int iSpeedA = constrain((int)speedA, 0, 1000);
178            int iSpeedB = constrain((int)speedB, 0, 1000);
179            int iSpeedC = constrain((int)speedC, 0, 1000);
180            int iSpeedD = constrain((int)speedD, 0, 1000);
181
182            ledcWrite(CHANNEL_A, iSpeedA);
183            ledcWrite(CHANNEL_B, iSpeedB);
184            ledcWrite(CHANNEL_C, iSpeedC);
185            ledcWrite(CHANNEL_D, iSpeedD);
186
187        }
```

147   : 증폭 또는 감소 값을 저장할 Ki 변수를 선언한 후, 1.0으로 초기화합니다.

148   : 드론이 목표 각도에 빨리 도달하는데 필요한 힘 값을 저장할 변수 ResX, ResY, ResZ 변수를 선언합니다. static 변수로 선언하여 함수를 빠져 나간 이후에도 값이 유지되게 합니다. Res는 responsive의 약자이며 빠른 응답을 의미합니다.

149~151 : 현재 시간을 기준으로 각도 오차에 주기 시간을 곱한 후 증폭 값 Ki를 곱해서 목표 각도 응답성을 위한 힘 값에 더해 줍니다. 드론 조종 시 목표 각도에 바로바로 도달하지 않으면 힘이 더 필요한 경우로 증폭 값을 1보다 크게 해 줍니다. 목표 각도에 너무 빨리 도달해 오히려 드론이 흔들리는 현상이 있으면 힘이 너무 센 경우로 증폭 값을 1보다 작게 해 줍니다.

152   : throttle 값이 0이면 ResX, ResY, ResZ 값을 0.0으로 초기화합니다.

153~155 : 목표 각도 응답성 힘 값을 균형 힘 값에 더해 줍니다.

2 [툴] 메뉴를 이용하여 보드, 포트를 다음과 같이 선택합니다.

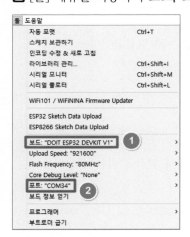

❸ 컴파일과 업로드를 수행합니다.

❹ 짐볼을 뺀 후, 드론을 USB에서 분리한 후 평평한 바닥에 내려놓습니다.

❺ 전원을 켭니다.

❻ 이전에 설치한 [Serial Bluetooth Terminal] 앱을 실행시킨 후, 드론과 연결합니다.

드론 조종에 대한 반응 속도를 살펴봅니다. 전진 했을 때 바로 반응해서 전진을 하는지 살펴봅니다.
또 오른쪽 이동 했을 때 바로 반응하는지 살펴봅니다.

※ 적분항 I의 경우 외부에서 드론을 날릴 경우 완만하고 힘 있게 부는 바람에 저항하는 역할도 합니다. 드론에 적분항 I를 적용
한 후, 드론의 한 쪽 다리에 열쇠고리 등을 단채 날려보면 드론이 열쇠고리의 무게를 어느 정도 버티며 중심을 잡고 나는 것을
볼 수 있습니다. 열쇠고리의 무게에 의해 한쪽으로 힘을 받는 것은 완만하고 힘 있는 바람으로부터 힘을 받는 것과 같습니다.

03 _ 드론 조종 앱 사용하기

여기서는 코코랩스 사의 드론 조종 앱을 이용하여 드론을 조종해 봅니다.

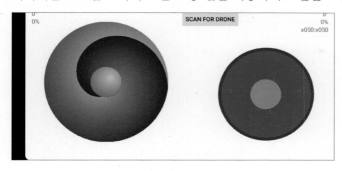

코코랩스(kocolabs.co.kr) 사의 드론 조종 앱은 다음 사이트의 소스를 참조하여 만들어진 앱입니다.

조이스틱 부분

- https://github.com/controlwear/virtual-joystick-android
- https://github.com/controlwear/virtual-joystick-demo

BLE 통신 부분

- http://www.hardcopyworld.com/ngine/aduino/index.php/archives/3226

※ 코코랩스의 드론 조종 앱은 안드로이드 디바이스만 지원합니다. 안드로이드 디바이스가 구형일 경우 앱이 동작하지 않을 수 있습니다.

등록된 디바이스 해제

기존에 등록한 드론의 블루투스 디바이스는 클래식 형태로 동작합니다. 코코랩스 사의 드론 조종 앱은 BLE 통신을 수행하므로 클래식 형태로 등록된 디바이스를 등록 해제해야 합니다.

■ 안드로이드 디바이스의 블루투스 아이콘을 누릅니다.

2 ❶ [등록된 디바이스]를 확인한 후, ❷ [설정] 버튼을 누릅니다. 새로운 창에서 ❸ [등록 해제] 버튼을 눌러 등록을 해제합니다.

3 ❹ [연결 가능한 디바이스]로 표시된 것을 확인하고 ❺ [돌아가기] 버튼을 누릅니다.

드론 조종 앱 설치하기

다음은 코코랩스 사의 드론 조종 앱을 설치합니다.

1 [Play 스토어] 아이콘을 누릅니다.

2 "kocolabs drone"을 검색합니다.

3 다음 앱을 찾아 [설치] 버튼을 눌러 설치를 진행합니다.

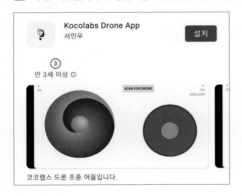

드론 조종 앱 실행하기

다음은 코코랩스 사의 드론 조종 앱을 실행해 봅니다.

1 [Kocolabs Drone] 아이콘을 누릅니다.

2 처음 실행 시에 다음과 같은 화면이 뜹니다. [앱 사용 중에만 허용]을 눌러줍니다.

3 다음과 같이 앱이 실행되는 것을 확인합니다.

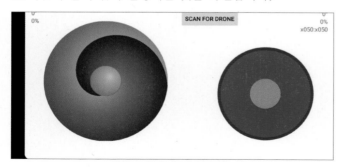

드론 프로그램 작성하기

다음은 ESP32 드론 프로그램을 작성하여 드론 조종 앱으로 조종할 수 있도록 합니다.

1 [새 파일]을 하나 생성한 후, drone_std_joystick으로 저장합니다.

2 다음과 같이 예제를 작성합니다.

```
drone_std_joystick.ino
01      void setup() {
02
03              ble_setup();
04
05              drone_setup();
06
07      }
08
09      void loop() {
10
11              drone_loop();
12
13      }
```

03 : ble_setup 함수를 호출하여 BLE 통신 초기화를 합니다. ble_setup 함수는 뒤에서 추가해 줍니다.
05 : drone_setup 함수를 호출하여 드론 초기화를 합니다. drone_setup 함수는 뒤에서 추가해 줍니다.
11 : drone_loop 함수를 호출하여 드론 구동을 합니다. drone_loop 함수는 뒤에서 추가해 줍니다.

3 드론 제어를 위해 drone_control 파일을 하나 추가합니다. 다음과 같이 [새 탭] 메뉴를 선택합니다.

4 추가할 파일의 이름으로 drone_control을 입력한 후, [확인] 버튼을 누릅니다.

5 다음과 같이 drone_control 파일이 추가된 것을 확인합니다.

6 다음과 같이 예제를 작성합니다. 520.ino 예제를 복사하여 수정합니다.

```
drone_control.ino
001     #include <Wire.h>
002
003     const int MOTOR_A =23;
004     const int MOTOR_B =19;
005     const int MOTOR_C =18;
006     const int MOTOR_D =26;
007     const int CHANNEL_A =0;
008     const int CHANNEL_B =1;
```

```
009        const int CHANNEL_C =2;
010        const int CHANNEL_D =3;
011        const int MOTOR_FREQ =5000;
012        const int MOTOR_RESOLUTION =10;
013
014        void drone_setup() {
015
016                Wire.begin();
017                Wire.setClock(400000);
018
019                Wire.beginTransmission(0x68);
020                Wire.write(0x6b);
021                Wire.write(0x0);
022                Wire.endTransmission(true);
023
024                ledcAttachPin(MOTOR_A, CHANNEL_A);
025                ledcAttachPin(MOTOR_B, CHANNEL_B);
026                ledcAttachPin(MOTOR_C, CHANNEL_C);
027                ledcAttachPin(MOTOR_D, CHANNEL_D);
028
029                ledcSetup(CHANNEL_A, MOTOR_FREQ, MOTOR_RESOLUTION);
030                ledcSetup(CHANNEL_B, MOTOR_FREQ, MOTOR_RESOLUTION);
031                ledcSetup(CHANNEL_C, MOTOR_FREQ, MOTOR_RESOLUTION);
032                ledcSetup(CHANNEL_D, MOTOR_FREQ, MOTOR_RESOLUTION);
033
034                ledcWrite(CHANNEL_A, 0);
035                ledcWrite(CHANNEL_B, 0);
036                ledcWrite(CHANNEL_C, 0);
037                ledcWrite(CHANNEL_D, 0);
038        }
039
040        int throttle = 0;
041        double tAngleX = 0.0, tAngleY = 0.0, tAngleZ = 0.0;
042        void drone_loop() {
043                Wire.beginTransmission(0x68);
044                Wire.write(0x3B);
045                Wire.endTransmission(false);
046                Wire.requestFrom((uint16_t)0x68,(uint8_t)14,true);
047
048                int16_t AcXH = Wire.read();
049                int16_t AcXL = Wire.read();
050                int16_t AcYH = Wire.read();
051                int16_t AcYL = Wire.read();
052                int16_t AcZH = Wire.read();
053                int16_t AcZL = Wire.read();
054                int16_t TmpH = Wire.read();
055                int16_t TmpL = Wire.read();
056                int16_t GyXH = Wire.read();
```

```
057             int16_t GyXL = Wire.read();
058             int16_t GyYH = Wire.read();
059             int16_t GyYL = Wire.read();
060             int16_t GyZH = Wire.read();
061             int16_t GyZL = Wire.read();
062
063             int16_t AcX = AcXH <<8 |AcXL;
064             int16_t AcY = AcYH <<8 |AcYL;
065             int16_t AcZ = AcZH <<8 |AcZL;
066             int16_t GyX = GyXH <<8 |GyXL;
067             int16_t GyY = GyYH <<8 |GyYL;
068             int16_t GyZ = GyZH <<8 |GyZL;
069
070         static int32_t AcXSum =0, AcYSum =0, AcZSum =0;
071         static int32_t GyXSum =0, GyYSum =0, GyZSum =0;
072         static double AcXOff =0.0, AcYOff =0.0, AcZOff =0.0;
073         static double GyXOff =0.0, GyYOff =0.0, GyZOff =0.0;
074         static int cnt_sample =1000;
075         if(cnt_sample >0) {
076                 AcXSum += AcX; AcYSum += AcY; AcZSum += AcZ;
077                 GyXSum += GyX; GyYSum += GyY; GyZSum += GyZ;
078                 cnt_sample --;
079                 if(cnt_sample ==0) {
080                         AcXOff = AcXSum /1000.0;
081                         AcYOff = AcYSum /1000.0;
082                         AcZOff = AcZSum /1000.0;
083                         GyXOff = GyXSum /1000.0;
084                         GyYOff = GyYSum /1000.0;
085                         GyZOff = GyZSum /1000.0;
086                 }
087                 delay(1);
088                 return;
089         }
090
091         double AcXD = AcX - AcXOff;
092         double AcYD = AcY - AcYOff;
093         double AcZD = AcZ - AcZOff +16384;
094
095         double GyXD = GyX - GyXOff;
096         double GyYD = GyY - GyYOff;
097         double GyZD = GyZ - GyZOff;
098
099         static unsigned long t_prev =0;
100         unsigned long t_now = micros();
101         double dt = (t_now - t_prev)/1000000.0;
102         t_prev = t_now;
103
104         const float GYROXYZ_TO_DEGREES_PER_SEC =131;
```

```
105         double GyXR = GyXD /GYROXYZ_TO_DEGREES_PER_SEC;
106         double GyYR = GyYD /GYROXYZ_TO_DEGREES_PER_SEC;
107         double GyZR = GyZD /GYROXYZ_TO_DEGREES_PER_SEC;
108
109         static double gyAngleX =0.0, gyAngleY =0.0, gyAngleZ =0.0;
110         gyAngleX += GyXR *dt;
111         gyAngleY += GyYR *dt;
112         gyAngleZ += GyZR *dt;
113
114         const float RADIANS_TO_DEGREES =180 /3.14159;
115         double AcYZD = sqrt(pow(AcY,2) + pow(AcZ,2));
116         double AcXZD = sqrt(pow(AcX,2) + pow(AcZ,2));
117         double acAngleY = atan(-AcXD /AcYZD)*RADIANS_TO_DEGREES;
118         double acAngleX = atan(AcYD /AcXZD)*RADIANS_TO_DEGREES;
119         double acAngleZ =0;
120
121         const double ALPHA =0.96;
122         static double cmAngleX =0.0, cmAngleY =0.0, cmAngleZ =0.0;
123         cmAngleX=ALPHA*(cmAngleX+GyXR*dt)+(1.0-ALPHA)*acAngleX;
124         cmAngleY=ALPHA*(cmAngleY+GyYR*dt)+(1.0-ALPHA)*acAngleY;
125         cmAngleZ = gyAngleZ;
126         if(throttle == 0) cmAngleX = cmAngleY = cmAngleZ = 0.0;
127
128         double eAngleX = tAngleX - cmAngleX;
129         double eAngleY = tAngleY - cmAngleY;
130         double eAngleZ = tAngleZ - cmAngleZ;
131
132         double Kp = 1.0;
133         double BalX = Kp * eAngleX;
134         double BalY = Kp * eAngleY;
135         double BalZ = Kp * eAngleZ;
136
137         double Kd = 1.0;
138         BalX += Kd *-GyXR;
139         BalY += Kd *-GyYR;
140         BalZ += Kd *-GyZR;
141         if(throttle == 0) BalX = BalY = BalZ = 0.0;
142
143         double Ki = 1.0;
144         double ResX = 0.0, ResY =0.0, ResZ =0.0;
145         ResX += Ki * eAngleX * dt;
146         ResY += Ki * eAngleY * dt;
147         ResZ += Ki * eAngleZ * dt;
148         if(throttle == 0) ResX = ResY = ResZ = 0.0;
149         BalX += ResX;
150         BalY += ResY;
151         BalZ += ResZ;
152
```

```
153            double speedA = throttle + BalX - BalY + BalZ;
154            double speedB = throttle - BalX - BalY - BalZ;
155            double speedC = throttle - BalX + BalY + BalZ;
156            double speedD = throttle + BalX + BalY - BalZ;
157
158            int iSpeedA = constrain((int)speedA, 0, 1000);
159            int iSpeedB = constrain((int)speedB, 0, 1000);
160            int iSpeedC = constrain((int)speedC, 0, 1000);
161            int iSpeedD = constrain((int)speedD, 0, 1000);
162
163            ledcWrite(CHANNEL_A, iSpeedA);
164            ledcWrite(CHANNEL_B, iSpeedB);
165            ledcWrite(CHANNEL_C, iSpeedC);
166            ledcWrite(CHANNEL_D, iSpeedD);
167
168        }
```

기존에 추가된 블루투스 관련 루틴을 지운 후, setup, loop 함수를 각각 drone_setup, drone_loop
함수로 변경합니다.

7 BLE 입력을 위해 esp32_ble_server 파일을 하나 추가합니다. 다음과 같이 [새 탭] 메뉴를 선택
합니다.

8 추가할 파일의 이름으로 esp32_ble_server를 입력한 후, [확인] 버튼을 누릅니다.

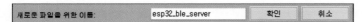

9 다음과 같이 esp32_ble_server 파일이 추가된 것을 확인합니다.

10 도서와 함께 제공되는 소스에서 esp32_ble_server.ino 파일의 내용을 복사합니다. esp32_ble_
server 파일의 내용은 이 책에서는 설명하지 않습니다.

11 159 번째 줄에서 BLE 서버의 이름을 독자 여러분의 상황에 맞게 변경합니다.

```
esp32_ble_server.ino
159            oScanResponseData.setName("KocoDrone");
```

⓬ [툴] 메뉴를 이용하여 보드, 포트를 다음과 같이 선택합니다.

⓭ 컴파일과 업로드를 수행합니다.

⓮ 짐볼을 뺀 후, 드론을 USB에서 분리한 후 평평한 바닥에 내려놓습니다.

⓯ 전원을 켭니다.

16 드론 조종 앱을 실행한 후, ❶ [SCAN FOR DRONE] 버튼을 누릅니다.

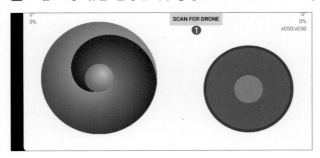

17 그러면 다음과 같은 팝업 창이 뜹니다. ❷ [Scan for drone] 버튼을 눌러 드론을 검색합니다.

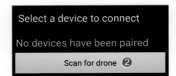

※ [Scan for drone] 버튼이 보이지 않을 경우, 페어링된 블루투스 장치를 등록해제해 봅니다.

18 다음과 같이 드론이 검색이 되면 ❸ 드론을 선택합니다.

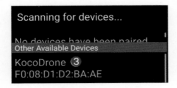

19 그러면 다음과 같이 ❹ [DISCONNECT] 상태가 되면서, 드론이 연결됩니다.

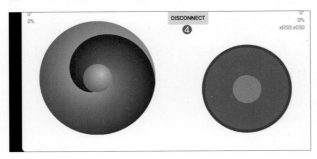

20 다음과 같은 방식으로 드론을 조종해 봅니다.

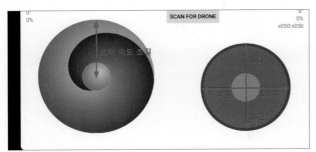

※ 조종기 제어가 되지 않는 경우에는 배터리를 충전해 줍니다.

04 _ 자율 비행 구현하기

이번 단원에서는 자율 비행을 구현해 봅니다. 예를 들어, 2초간 상승 후, 10초간 떠 있다가 2초간 하강과 같은 동작을 사용자 조종 없이 수행하도록 합니다.

※ 자율 비행 구현시 드론은 제자리에 고정되어 떠 있지 않을 수 있으므로 넓은 공간에서 실습을 수행합니다.

ESP32 SOC 살펴보기

이 책에서 사용하는 ESP32 SOC는 내부에 2개의 CPU 코어를 갖습니다.

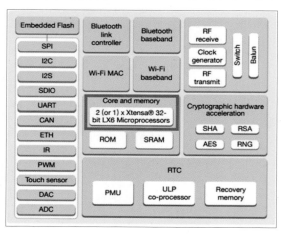

ESP32 아두이노 스케치는 FreeRTOS 기반에서 동작하며 1번 코어에 의해서 수행됩니다. 즉, 우리가 지금까지 작성했던 드론 프로그램은 1번 코어가 수행하고 있었습니다. 우리는 0번 코어를 이용해 드론 조종 프로그램을 수행하게 할 수 있습니다. 0번 코어는 드론의 모터 속도와 방향을 제어하는 프로그램을 수행하여 드론을 자율적으로 비행하게 할 수 있습니다.

아두이노 스케치 수행 CPU 코어 확인하기

먼저 아두이노 스케치를 수행하는 코어를 확인해 봅니다.

1 다음과 같이 예제를 작성합니다.

```
542.ino
01    void setup() {
02
03        Serial.begin(115200);
04        Serial.print( " setup() running on core " );
```

```
05              Serial.println(xPortGetCoreID());
06              delay(2000);
07
08      }
09
10      void loop() {
11
12              Serial.print("loop() running on core ");
13              Serial.println(xPortGetCoreID());
14              delay(1000);
15
16      }
```

05, 13 : xPortGetCoreID 함수를 호출하여 setup, loop 함수를 수행하는 CPU 코어를 확인합니다.

2 [툴] 메뉴를 이용하여 보드, 포트를 다음과 같이 선택합니다.

3 컴파일과 업로드를 수행합니다.

4 [시리얼 모니터] 버튼을 클릭합니다.

5 시리얼 모니터 창이 뜨면, 우측 하단에서 통신 속도를 115200으로 맞춰줍니다.

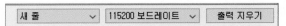

6 출력결과를 확인합니다.

```
setup() running on core 1
loop() running on core 1
loop() running on core 1
loop() running on core 1
```

setup, loop 함수를 core 1에서 수행하는 것을 확인합니다.

CPU 코어 0에서 동작하는 태스크 생성하기

여기서는 CPU 코어 0을 이용하여 태스크를 수행해 봅니다.

1 다음과 같이 예제를 작성합니다.

```
543.ino
01      TaskHandle_t TaskCore_0;
02
03      void setup() {
04
05              Serial.begin(115200);
06
07              xTaskCreatePinnedToCore(
08              t0_main, /* Task function. */
09              "TaskCore_0",/* name of task. */
10              10000, /* Stack size of task */
11              NULL, /* parameter of the task */
12              1, /* priority of the task */
13              &TaskCore_0, /* Task handle to keep track of created task */
14              0); /* pin task to core 0 */
15
16              delay(1000);
17
18      }
19
20      void t0_main( void * pvParameters ){
21
22              for(;;){
23
24                      Serial.print("TaskCore_0 running on core ");
25                      Serial.println(xPortGetCoreID());
26                      delay(500);
27
28              }
```

```
29          }
30
31      void loop() {
32
33              Serial.print( " loop() running on core " );
34              Serial.println(xPortGetCoreID());
35              delay(1000);
36
37      }
```

01 : CPU 코어 0에서 수행될 태스크 핸들 변수인 TaskCore_0을 선언합니다.

07~14 : xTaskCreatePinnedToCore 함수를 호출하여 CPU 코어 0 또는 1에 고정되서 수행되는 태스크를 생성합니다.

08 : 첫 번째 인자는 태스크가 수행할 함수입니다.

09 : 두 번째 인자는 태스크의 이름입니다.

10 : 세 번째 인자는 태스크가 사용할 스택의 크기로 바이트 단위입니다.

11 : 네 번째 인자는 태스크로 넘겨준 인자입니다.

12 : 다섯 번째 인자는 태스크의 우선순위입니다.

13 : 여섯 번째 인자는 태스크 핸들입니다.

14 : 일곱 번째 인자는 태스크를 수행할 CPU 코어 번호입니다. 여기서는 0번 코어에 할당합니다.

20~29 : 태스크가 수행할 함수를 정의합니다.

22~28 : 0.5 초 간격으로 t0_main 함수를 수행하는 CPU 코어 번호를 출력합니다.

31~37 : 1초 간격으로 loop 함수를 수행하는 CPU 코어 번호를 출력합니다.

2 [툴] 메뉴를 이용하여 보드, 포트를 다음과 같이 선택합니다.

3 컴파일과 업로드를 수행합니다.

4 [시리얼 모니터] 버튼을 클릭합니다.

시리얼 모니터 🔎

5 시리얼 모니터 창이 뜨면, 우측 하단에서 통신 속도를 115200으로 맞춰줍니다.

| 새 줄 ∨ | 115200 보드레이트 ∨ | 출력 지우기 |

6 출력결과를 확인합니다.

```
loop() running on core 1
TaskCore_0 running on core 0
TaskCore_0 running on core 0
loop() running on core 1
TaskCore_0 running on core 0
TaskCore_0 running on core 0
loop() running on core 1
TaskCore_0 running on core 0
TaskCore_0 running on core 0
loop() running on core 1
```

TaskCore_0 태스크가 core 0에서 수행되는 것을 확인합니다.

BOOT 핀 읽어보기

우리는 뒤에서 BOOT 버튼을 눌러 드론의 자율 비행을 시작합니다. BOOT 버튼은 GPIO0번 핀에 연결되어 있으며 부팅시에 ESP32 내부에 있는 부트로더가 핀의 상태를 체크하여 스케치 프로그램을 업로드할지 아니면 부팅을 진행할지 결정합니다. 부팅을 완료한 후에는 스케치 프로그램에서 사용할 수 있습니다. 여기서는 스케치 프로그램에서 BOOT 버튼의 상태를 읽어 그 값을 출력해 봅니다.

1 다음과 같이 예제를 작성합니다.

```
544.ino
01      void setup() {
02
03       pinMode(0, INPUT);
04       Serial.begin(115200);
05
06      }
07
08      void loop() {
09
10       int pinState = digitalRead(0);
11       Serial.println(pinState);
12
13      }
```

03 : pinMode 함수를 호출하여 GPIO0 번 핀을 INPUT으로 설정합니다.
04 : 시리얼 통신 속도를 115200으로 설정합니다.
10 : digitalRead 함수를 호출하여 GPIO0 번 핀 값을 읽어 pinState 변수에 저장합니다.
11 : pinState 값을 시리얼 모니터로 출력합니다.

2 [툴] 메뉴를 이용하여 보드, 포트를 다음과 같이 선택합니다.

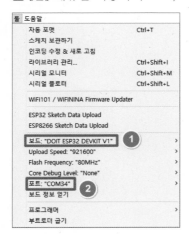

3 컴파일과 업로드를 수행한 후 [시리얼 모니터] 버튼을 클릭합니다.

4 시리얼 모니터 창이 뜨면, 우측 하단에서 통신 속도를 115200으로 맞춰줍니다.

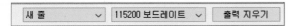

5 출력결과를 확인합니다.

1		0
1		0
1		0
1		0
1		0

버튼을 누르지 않은 상태에서는 1이 출력되고 버튼을 누른 상태에서는 0이 출력되는 것을 확인합니다.

자율 비행 구현하기

다음은 자율 비행 프로그램을 작성하여 BOOT 버튼을 누르면 자율 비행을 수행하도록 합니다.

1 [새 파일]을 하나 생성한 후, drone_std_auto로 저장합니다.

2 다음과 같이 예제를 작성합니다.

```
drone_std_auto.ino
01    void setup() {
02
03          auto_setup();
04
05          drone_setup();
06
07    }
08
09    void loop() {
10
11          drone_loop();
12
13    }
```

03 : auto_setup 함수를 호출하여 자율 비행 초기화를 합니다. auto_setup 함수는 뒤에서 추가해 줍니다.
05 : drone_setup 함수를 호출하여 드론 초기화를 합니다. drone_setup 함수는 뒤에서 추가해 줍니다.
11 : drone_loop 함수를 호출하여 드론 구동을 합니다. drone_loop 함수는 뒤에서 추가해 줍니다.

3 드론 제어를 위해 drone_control 파일을 하나 추가합니다. 다음과 같이 [새 탭] 메뉴를 선택합니다.

4 추가할 파일의 이름으로 drone_control을 입력한 후, [확인] 버튼을 누릅니다.

5 다음과 같이 drone_control 파일이 추가된 것을 확인합니다.

6 drone_std_joystick 예제의 drone_control.ino 파일의 내용을 복사하여 그대로 사용합니다.

7 자율 비행을 위해 auto_aviation 파일을 하나 추가합니다. 다음과 같이 [새 탭] 메뉴를 선택합니다.

8 추가할 파일의 이름으로 auto_aviation을 입력한 후, [확인] 버튼을 누릅니다.

9 다음과 같이 auto_aviation 파일이 추가된 것을 확인합니다.

10 다음과 같이 파일을 작성합니다.

```
auto_aviation.ino
01      TaskHandle_t TaskAutoAviHandle;
02
03      void auto_setup() {
04              xTaskCreatePinnedToCore(
05                      TaskAutoAviMain, /* Task function. */
06                      "TaskAutoAvi", /* name of task. */
07                      10000, /* Stack size of task */
08                      NULL, /* parameter of the task */
09                      1, /* priority of the task */
10                      &TaskAutoAviHandle, /* Task handle */
11                      0); /* pin task to core 0 */
12
13              delay(2000);
14      }
15
16      extern double tAngleX, tAngleY;
17      extern int throttle;
18      void TaskAutoAviMain( void * pvParameters ){
19
```

```
20              pinMode(0, INPUT);
21
22              while(true) {
23                      int pinState = digitalRead(0);
24                      if(pinState == LOW) break;
25              }
26
27              for(int thr = 0; thr < 500; thr++) {
28                      throttle = thr;
29                      delay(10);
30              }
31
32              for(int thr = 500; thr > 0; thr--) {
33                      throttle = thr;
34                      delay(10);
35              }
36
37              throttle = 0;
38
39              vTaskDelete( TaskAutoAviHandle );
40
41      }
```

01   : CPU 코어 0에서 수행될 태스크 핸들 변수인 TaskAutoAviHandle 선언합니다.

04~11 : xTaskCreatePinnedToCore 함수를 호출하여 CPU 코어 0 또는 1에 고정되서 수행되는 태스크를 생성합니다.

08   : 첫 번째 인자는 태스크가 수행할 함수입니다.

09   : 두 번째 인자는 태스크의 이름입니다.

10   : 세 번째 인자는 태스크가 사용할 스택의 크기로 바이트 단위입니다.

11   : 네 번째 인자는 태스크로 넘겨준 인자입니다.

12   : 다섯 번째 인자는 태스크의 우선순위입니다.

13   : 여섯 번째 인자는 태스크 핸들입니다.

14   : 일곱 번째 인자는 태스크를 수행할 CPU 코어 번호입니다. 여기서는 0번 코어에 할당합니다.

16, 17 : extern은 다른 파일에 tAngleX, tAngleY, throttle 변수가 있다는 것을 의미합니다.

18~41 : 태스크가 수행할 함수를 정의합니다.

20   : pinMode 함수를 호출하여 GPIO0 번 핀을 INPUT으로 설정합니다.

22~25 : 계속해서 GPIO0 번 핀 값을 읽어 버튼이 눌리면 27줄로 이동합니다.

27~29 : 0.01초 간격으로 throttle 값을 1 씩 증가시킵니다. 5초 동안 500 만큼 증가시킵니다. 이렇게 하면 드론이 지면에
          서 살짝 뜨게 됩니다.

32~35 : 0.01초 간격으로 throttle 값을 1 씩 감소시킵니다. 5초 동안 500 만큼 감소시킵니다.

37   : throttle 값을 0으로 설정하여 모터가 돌지 않도록 합니다.

39   : vTaskDelete 함수를 호출하여 자율 비행 태스크를 종료합니다.

11 [툴] 메뉴를 이용하여 보드, 포트를 다음과 같이 선택합니다.

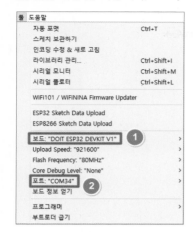

12 컴파일과 업로드를 수행합니다.

13 짐볼을 뺀 후, 드론을 USB에서 분리한 후 평평한 바닥에 내려놓습니다.

14 전원을 켭니다.

15 ❷ BOOT 버튼을 눌러 자율 비행을 테스트합니다.

※ 자율 비행 테스트는 넓은 공간에서 수행합니다.
※ 자율 비행은 1회만 수행하고 태스크가 종료됩니다. 다시 한번 자율 비행 테스트를 수행하려면 ❶ EN 버튼을 눌러 재부팅을
수행한 후, ❷ BOOT 버튼을 눌러주면 됩니다.

연 습 문 제

다음과 같이 자율 비행을 테스트해 봅니다.

❶ 이륙(5초간) –〉 전진(3초간) –〉 착륙(5초간)

❷ 이륙(5초간) –〉 전진(3초간) –〉 우전진(3초간)–〉 착륙(5초간)

❸ 이륙(5초간) –〉 전진(3초간) –〉 우전진(3초간)–〉 전진(3초간)–〉 착륙(5초간)

❹ 운전 면허의 T자 코스 따라 자율 비행하기

❺ 운전 면허의 S자 코스 따라 자율 비행하기

※ 해답은 제공되지 않습니다.

05 _ 이중 PID 제어기 알고리즘 구하기

우리는 앞에서 표준 PID 제어기를 이용하여 드론의 비행을 시도해 봤습니다. 여기서는 이중 PID 제어기 알고리즘을 구한 후, 다음 단원에서 드론을 다시 한 번 띄워 보도록 합니다.

다음은 Roll에 대한 이중 PID 제어기입니다. 이 제어기는 ArduPilot에서 사용하는 PID 제어기입니다.

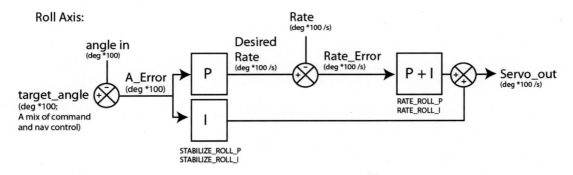

드론이 기울어진 어느 순간에 드론이 제 자리로 돌아가기 위해서는 두 가지 요소가 고려되어야 합니다. 첫 번째는 현재 상태에서의 오차입니다. 오차에 따라 모터의 속도가 달라집니다. 또 하나 고려되어야 할 것은 현재 상태에서의 회전 속도입니다. 회전 속도와 방향도 모터의 속도에 영향을 주게 됩니다. 이중 PID 제어기의 경우엔 이 두 가지 요소가 고려된 형태입니다.

이중 PID 제어기 알고리즘을 수식으로 표현하면 다음과 같습니다.

먼저 다음은 첫 번 째 PID 계산 부분입니다. 각도에 대한 PI 계산을 수행하고 있습니다.

```
A_Error = target_angle - angle_in
StabilizePTerm = StabilizeKp * A_Error
StabilizeITerm += StabilizeKi * A_Error * dt
```

현재 각도 오차(A_Error)는 목표 각도(target_angle) 값에서 현재 입력 각도(angle_in)값을 빼서 구합니다.

안정화 비례항(StabilizePTerm)은 안정화 비례매개변수(StabilizeKp)에 현재 각도 오차를 곱해서 구합니다.

안정화 적분항(StabilizeITerm)은 안정화 적분매개변수(StabilizeKi)에 현재 각도 오차와 센서 입력 주기(dt) 값을 곱해 더해줍니다.

다음은 두 번째 PID 계산 부분입니다. 각속도에 대한 PI 계산을 수행하고 있습니다.

```
Desired_Rate = StabilizePTerm
Rate_Error = Desired_Rate - Rate
RatePTerm = RateKp * Rate_Error
RateITerm += RateKi * Rate_Error * dt
```

Desired_Rate를 목표 각속도로 정하며 안정화 비례항 값을 사용합니다.

현재 각속도 오차(Rate_Error)는 목표 각속도(Desired_Rate) 값에서 현재 입력 각속도(Rate)값을 빼서 구합니다.

각속도 비례항(RatePTerm)은 각속도 비례매개변수(RateKp)에 현재 각속도 오차를 곱해서 구합니다.

각속도 적분항(StabilizeITerm)은 각속도 적분매개변수(StabilizeKi)에 현재 각속도 오차와 센서 입력 주기(dt) 값을 곱해 더해줍니다.

출력 값은 다음과 같습니다.

```
Output = RatePTerm + RateITerm +StabilizeITerm;
```

출력값(Output)은 각속도 비례항(RatePTerm), 각속도 적분항(RateITerm), 안정화 적분항(StabilizeITerm)을 더한 값이 됩니다.

이렇게 해서 이중 PID 출력 값을 정할 수 있습니다.

그래서 우리가 사용할 이중 PID 알고리즘은 다음과 같습니다.

```
A_Error = target_angle - angle_in;
StabilizePTerm = StabilizeKp * A_Error;
StabilizeITerm += StabilizeKi * A_Error * dt;

Desired_Rate = StabilizePTerm;
Rate_Error = Desired_Rate - Rate;
RatePTerm = RateKp * Rate_Error;
RateITerm += RateKi * Rate_Error * dt;

Output = RatePTerm + RateITerm +StabilizeITerm;
```

여기서 사용하는 이중 PID 제어기의 경우 RateIterm이 미분항이 됩니다.

이상에서 이중 PID 알고리즘을 구해 보았습니다. 이제 이 알고리즘을 스케치에 적용해 보도록 합니다.

06 _ 이중 PID 제어기 구현하기

이제 앞에서 구한 이중 PID 제어기 알고리즘을 이용하여 이중 PID 제어기를 구현해 보도록 합니다. 여기서는 앞의 예제에서 사용한 표준 PID 제어기를 이중 PID 제어기로 변경한 후, 드론을 테스트해 봅니다.

1 drone_std_joystick 예제를 drone_dual_joystick로 저장한 후, 실습을 진행합니다.

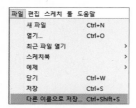

※ 제공되는 소스를 사용하여 실습할수도 있습니다.

2 다음과 같이 예제를 수정합니다. drone_control.ino 파일의 PID 제어 부분만 수정합니다.

```
drone_control.ino
001    #include <Wire.h>
002
003    const int MOTOR_A =23;
004    const int MOTOR_B =19;
005    const int MOTOR_C =18;
006    const int MOTOR_D =26;
007    const int CHANNEL_A =0;
008    const int CHANNEL_B =1;
009    const int CHANNEL_C =2;
010    const int CHANNEL_D =3;
011    const int MOTOR_FREQ =5000;
012    const int MOTOR_RESOLUTION =10;
013
014    void drone_setup() {
015
016            Wire.begin();
017            Wire.setClock(400000);
018
019            Wire.beginTransmission(0x68);
020            Wire.write(0x6b);
021            Wire.write(0x0);
022            Wire.endTransmission(true);
023
024            ledcAttachPin(MOTOR_A, CHANNEL_A);
025            ledcAttachPin(MOTOR_B, CHANNEL_B);
```

```
026             ledcAttachPin(MOTOR_C, CHANNEL_C);
027             ledcAttachPin(MOTOR_D, CHANNEL_D);
028
029             ledcSetup(CHANNEL_A, MOTOR_FREQ, MOTOR_RESOLUTION);
030             ledcSetup(CHANNEL_B, MOTOR_FREQ, MOTOR_RESOLUTION);
031             ledcSetup(CHANNEL_C, MOTOR_FREQ, MOTOR_RESOLUTION);
032             ledcSetup(CHANNEL_D, MOTOR_FREQ, MOTOR_RESOLUTION);
033
034             ledcWrite(CHANNEL_A, 0);
035             ledcWrite(CHANNEL_B, 0);
036             ledcWrite(CHANNEL_C, 0);
037             ledcWrite(CHANNEL_D, 0);
038     }
039
040     int throttle = 0;
041     double tAngleX = 0.0, tAngleY = 0.0, tAngleZ = 0.0;
042     void drone_loop() {
043             Wire.beginTransmission(0x68);
044             Wire.write(0x3B);
045             Wire.endTransmission(false);
046             Wire.requestFrom((uint16_t)0x68,(uint8_t)14,true);
047
048             int16_t AcXH = Wire.read();
049             int16_t AcXL = Wire.read();
050             int16_t AcYH = Wire.read();
051             int16_t AcYL = Wire.read();
052             int16_t AcZH = Wire.read();
053             int16_t AcZL = Wire.read();
054             int16_t TmpH = Wire.read();
055             int16_t TmpL = Wire.read();
056             int16_t GyXH = Wire.read();
057             int16_t GyXL = Wire.read();
058             int16_t GyYH = Wire.read();
059             int16_t GyYL = Wire.read();
060             int16_t GyZH = Wire.read();
061             int16_t GyZL = Wire.read();
062
063             int16_t AcX = AcXH <<8 |AcXL;
064             int16_t AcY = AcYH <<8 |AcYL;
065             int16_t AcZ = AcZH <<8 |AcZL;
066             int16_t GyX = GyXH <<8 |GyXL;
067             int16_t GyY = GyYH <<8 |GyYL;
068             int16_t GyZ = GyZH <<8 |GyZL;
069
070             static int32_t AcXSum =0, AcYSum =0, AcZSum =0;
071             static int32_t GyXSum =0, GyYSum =0, GyZSum =0;
072             static double AcXOff =0.0, AcYOff =0.0, AcZOff =0.0;
```

```
073          static double GyXOff =0.0, GyYOff =0.0, GyZOff =0.0;
074          static int cnt_sample =1000;
075          if(cnt_sample >0) {
076                  AcXSum += AcX; AcYSum += AcY; AcZSum += AcZ;
077                  GyXSum += GyX; GyYSum += GyY; GyZSum += GyZ;
078                  cnt_sample --;
079                  if(cnt_sample ==0) {
080                          AcXOff = AcXSum /1000.0;
081                          AcYOff = AcYSum /1000.0;
082                          AcZOff = AcZSum /1000.0;
083                          GyXOff = GyXSum /1000.0;
084                          GyYOff = GyYSum /1000.0;
085                          GyZOff = GyZSum /1000.0;
086                  }
087                  delay(1);
088                  return;
089          }
090
091          double AcXD = AcX - AcXOff;
092          double AcYD = AcY - AcYOff;
093          double AcZD = AcZ - AcZOff +16384;
094
095          double GyXD = GyX - GyXOff;
096          double GyYD = GyY - GyYOff;
097          double GyZD = GyZ - GyZOff;
098
099          static unsigned long t_prev =0;
100          unsigned long t_now = micros();
101          double dt = (t_now - t_prev)/1000000.0;
102          t_prev = t_now;
103
104          const float GYROXYZ_TO_DEGREES_PER_SEC =131;
105          double GyXR = GyXD /GYROXYZ_TO_DEGREES_PER_SEC;
106          double GyYR = GyYD /GYROXYZ_TO_DEGREES_PER_SEC;
107          double GyZR = GyZD /GYROXYZ_TO_DEGREES_PER_SEC;
108
109          static double gyAngleX =0.0, gyAngleY =0.0, gyAngleZ =0.0;
110          gyAngleX += GyXR *dt;
111          gyAngleY += GyYR *dt;
112          gyAngleZ += GyZR *dt;
113
114          const float RADIANS_TO_DEGREES =180 /3.14159;
115          double AcYZD = sqrt(pow(AcY,2) + pow(AcZ,2));
116          double AcXZD = sqrt(pow(AcX,2) + pow(AcZ,2));
117          double acAngleY = atan(-AcXD /AcYZD)*RADIANS_TO_DEGREES;
118          double acAngleX = atan(AcYD /AcXZD)*RADIANS_TO_DEGREES;
119          double acAngleZ =0;
```

```
120
121            const double ALPHA =0.96;
122            static double cmAngleX =0.0, cmAngleY =0.0, cmAngleZ =0.0;
123            cmAngleX=ALPHA*(cmAngleX+GyXR*dt)+(1.0-ALPHA)*acAngleX;
124            cmAngleY=ALPHA*(cmAngleY+GyYR*dt)+(1.0-ALPHA)*acAngleY;
125            cmAngleZ = gyAngleZ;
126            if(throttle == 0) cmAngleX = cmAngleY = cmAngleZ = 0.0;
127
128            double eAngleX = tAngleX - cmAngleX;
129            double eAngleY = tAngleY - cmAngleY;
130            double eAngleZ = tAngleZ - cmAngleZ;
131
132            double Kp = 1.0;
133            static double tRateX = 0.0, tRateY = 0.0, tRateZ = 0.0;
134            tRateX = Kp*eAngleX;
135            tRateY = Kp*eAngleY;
136            tRateZ = Kp*eAngleZ;
137
138            double eRateX = tRateX - GyXR;
139            double eRateY = tRateY - GyYR;
140            double eRateZ = tRateZ - GyZR;
141            if(throttle == 0) eRateX = eRateY = eRateZ = 0.0;
142
143            double Kd = 1.0;
144            double BalX = Kd * eRateX;
145            double BalY = Kd * eRateY;
146            double BalZ = Kd * eRateZ;
147
148            double Kri = 1.0;
149            double ResRateX = 0.0, ResRateY = 0.0, ResRateZ = 0.0;
150            ResRateX += Kri * eRateX * dt;
151            ResRateY += Kri * eRateY * dt;
152            ResRateZ += Kri * eRateZ * dt;
153            if(throttle == 0) ResRateX = ResRateY = ResRateZ = 0.0;
154
155            BalX += ResRateX;
156            BalY += ResRateY;
157            BalZ += ResRateZ;
158            if(throttle == 0) BalX = BalY = BalZ = 0.0;
159
160            double Ki = 1.0;
161            double ResX = 0.0, ResY =0.0, ResZ =0.0;
162            ResX += Ki * eAngleX * dt;
163            ResY += Ki * eAngleY * dt;
164            ResZ += Ki * eAngleZ * dt;
165            if(throttle == 0) ResX = ResY = ResZ = 0.0;
166            BalX += ResX;
```

```
167            BalY += ResY;
168            BalZ += ResZ;
169
170            double speedA = throttle + BalX - BalY + BalZ;
171            double speedB = throttle - BalX - BalY - BalZ;
172            double speedC = throttle - BalX + BalY + BalZ;
173            double speedD = throttle + BalX + BalY - BalZ;
174
175            int iSpeedA = constrain((int)speedA, 0, 1000);
176            int iSpeedB = constrain((int)speedB, 0, 1000);
177            int iSpeedC = constrain((int)speedC, 0, 1000);
178            int iSpeedD = constrain((int)speedD, 0, 1000);
179
180            ledcWrite(CHANNEL_A, iSpeedA);
181            ledcWrite(CHANNEL_B, iSpeedB);
182            ledcWrite(CHANNEL_C, iSpeedC);
183            ledcWrite(CHANNEL_D, iSpeedD);
184
185        }
```

133 : 목표 각속도 값을 저장할 변수 tRateX, tRateY, tRateZ를 선언한 후, 0.0으로 초기화합니다.

134~136 : 목표 각속도 값을 각도 오차에 Kp 값을 곱해 할당합니다.

138~140 : 목표 각속도 값에서 현재 입력 각속도 값을 빼서 현재 각속도 오차를 구합니다.

141 : throttle 값이 0이면 각속도 오차를 0.0으로 설정합니다. 이 부분이 없으면 드론이 정지 상태라도 자이로 센서에 의해 모터 회전이 발생합니다.

143 : 미분 항 Kd 값을 선언한 후, 1.0으로 설정합니다.

144~146 : Kd 값에 현재 각속도 오차를 곱해서 드론이 균형을 잡기 위한 힘 변수에 할당합니다.

148 : 각속도 오차 적분 항 Kri 값을 선언한 후, 1.0으로 설정합니다.

149 : 각속도 오차 적분 값을 저장할 변수 ResRateX, ResRateY, ResRateZ 변수를 선언한 후, 0.0으로 초기화합니다.

150~152 : 각속도 적분 항 Kri에 현재 각속도 오차와 센서 입력 주기 값을 곱해 각속도 오차 적분항 값을 누적합니다.

153 : throttle 값이 0이면 각속도 오차 적분항을 0.0으로 설정합니다. 이 부분이 없으면 드론이 정지 상태라도 자이로 센서에 의해 모터 회전이 발생합니다.

155~157 : 각속도 오차 적분 값을 드론이 균형을 잡기 위한 힘 변수에 더해줍니다.

❸ esp32_ble_server.ino 파일의 159 번째 줄에서 BLE 서버의 이름을 독자 여러분의 상황에 맞게 변경합니다.

esp32_ble_server.ino

```
159            oScanResponseData.setName("KocoDrone");
```

4 [툴] 메뉴를 이용하여 보드, 포트를 다음과 같이 선택합니다.

5 컴파일과 업로드를 수행합니다.

6 짐볼을 뺀 후, 드론을 USB에서 분리한 후 평평한 바닥에 내려놓습니다.

7 전원을 켭니다.

8 드론 조종 앱을 실행한 후, ❶ [SCAN FOR DRONE] 버튼을 누릅니다.

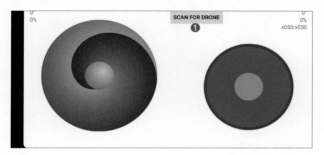

9 그러면 다음과 같은 팝업 창이 뜹니다. ❷ [Scan for drone] 버튼을 눌러 드론을 검색합니다.

10 다음과 같이 드론이 검색이 되면 ❸ 드론을 선택합니다.

11 그러면 다음과 같이 ❹ [DISCONNECT] 상태가 되면서, 드론이 연결됩니다.

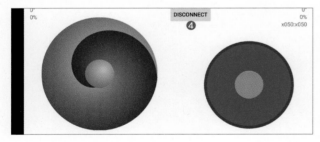

12 다음과 같은 방식으로 드론을 조종해 봅니다.

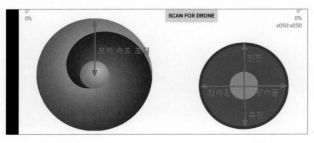

※ 드론이 잘 뜨지 않으면, 평평한 면에 둔 채 전원을 껐다가 켠 후, 드론 앱과 연결한 후, 다시 throttle 값을 조절해 봅니다. 배터리가 충분히 충전되지 않은 상태에서도 모터의 속도가 빠르지 않거나 BLE 응답을 하지 않는 경우가 있으니 이런 경우엔 배터리 충전을 하도록 합니다. 배터리 완충은 1~2시간 정도 걸릴 수 있으나, 10~20분 정도 충전한 후, 테스트해도 됩니다.

드론이 안정적으로 뜨는 것을 확인합니다. 필자의 경우엔 특별한 튜닝 없이 드론이 잘 날았습니다.